Unsere Glückszahl ist die Zwei

Franziska
Ferber

Unsere Glückszahl ist die Zwei

Wie wir uns von unserem
Kinderwunsch verabschiedeten
und unser neues,
wunderbares Leben fanden

Inhaltsverzeichnis

»... und ich möchte Sie, so gut ich es kann, bitten, Geduld zu haben gegen alles Ungelöste in Ihrem Herzen und zu versuchen, die Fragen selbst liebzuhaben, wie verschlossene Stuben und wie Bücher, die in einer fremden Sprache geschrieben sind. Forschen Sie jetzt nicht nach den Antworten, die Ihnen nicht gegeben werden können, weil Sie sie jetzt nicht leben könnten. Und es handelt sich darum, alles zu leben. Leben Sie jetzt die Fragen. Vielleicht leben Sie dann allmählich, ohne es zu merken, eines fernen Tages in die Antworten hinein.«

Rainer Maria Rilke, Brief an Franz Xaver Kappus,
16. Juli 1903

»Es ist doch seltsam, dass wir gerade über die Dinge, die uns am meisten beschäftigen, am wenigsten reden.«

Charles Lindbergh

Früher

Ja, heute tue ich mir etwas Gutes!, denke ich. Und weil ich das schon immer schrecklich gern getan habe, schnappe ich mir meine Handtasche, das iPad und den Autoschlüssel, fahre in die Innenstadt, kaufe mir Zeitungen und Zeitschriften und setze mich in eins meiner Lieblingscafés.

Ich bestelle einen großen Milchkaffee, dazu – weil ich mir ja etwas gönnen will – auch noch ein Croissant, dessen Fettgehalt, so las ich einmal, dem von dreizehn (!) Semmeln entspricht, richte mich auf meinem Lieblingsplatz an der großen Fensterfront gemütlich ein und beginne also damit, mir etwas Gutes zu tun.

Ich schlürfe den Kaffee, genieße dieses himmlisch-fiesfettige Croissant, blättere in den Zeitschriften und schaue aus dem Fenster. Und anfangs, weil ich ein Frühaufsteher und deshalb früh dran bin, empfinde ich es nur als großen Luxus, einfach an einem Samstagvormittag hier zu sitzen und Menschen vorbeilaufen zu sehen und dabei zu beobachten.

Weil ich es so schön finde, vergeht die Zeit wie im Flug und – bang! – ist es etwas später und die Familien beginnen vorbeizuflanieren. Nach kurzer Zeit sehe ich nur noch hübsche Mütter mit attraktiven Ehemännern, tollen Kinderwagen und reizenden Kindern. Hübsch zurechtgemacht für den Familienausflug in die Stadt – fast wie in Spanien auf der Plaza Mayor promenieren sie vor meinem Sitzplatz entlang. Je länger ich aus dem Fenster schaue, desto mehr sehe ich davon. Und desto trauriger werde ich – denn diese Menschen scheinen all das zu haben, was ich mir wünsche und was ich heute, wo ich mir in der angespannten

Seelenlage etwas Gutes tun wollte, einmal nicht sehen wollte, obwohl ich es ihnen von ganzem Herzen gönne.

Genau das ist es nämlich: Es ist kein Neid, der mich beschäftigt. Ich bin ein Mensch, den der Lebenssatz »Gib – und dir wird gegeben« begleitet. Auch an einem solchen Samstagvormittag freue ich mich für die Menschen, die das haben, was ich mir so sehnlich wünsche – Kinder. Mich packt das Gefühl des »Will ich auch« so sehr, dass ich traurig meine Zeitungen und Zeitschriften zusammenpacke, bezahle, zum Auto gehe und weine – weil die Sehnsucht nach einem Kind mal wieder so groß ist.

Wer mich kennt, weiß, dass ich alles dafür getan habe, ein Kind – unser Wunschkind – zu bekommen.

Gut, als ich mit Anfang zwanzig meine Studienzeit im Ausland beendet hatte, frisch berufstätig war und mit einer ganz besonders lieben Freundin das Leben in einer für uns neuen Stadt im Süden Deutschlands genoss, war ich davon nicht überzeugt. Ganz im Gegenteil: Wir beide waren uns sicher, dass wir eigentlich weder heiraten noch Kinder bekommen wollten. Warum auch? Bei unendlich vielen Gesprächen – zwischen Kaffeetassen und manchmal auch einem Glas Wein – stellten wir immer und immer wieder fest und bestärkten uns (und auch gern die, die uns zuhörten), dass wir eigentlich nicht bereit waren, unsere Freiheit und Identität abzugeben. Denn wir glaubten, das müssten wir, wenn wir uns einen (Ehe-)Mann suchen und mit ihm und gemeinsamen Kindern eine Familie gründen würden.

Später lernte ich noch eine andere Freundin kennen, die gern sagte: »Wenn die anderen normal sind, spinne ich gern!« Und genauso fühlte es sich an: Wir erfreuten uns an unseren Macken, die wir bisweilen auch kultivierten, und an unserer Unabhängigkeit. An unseren spannenden Jobs, die uns manchmal mehr lehrten, als wir eigentlich lernen wollten. Und an unserem Leben. Ja, man kann sagen, wir genossen unser Leben in vollen Zügen.

Aber kaum wurden wir älter, kaum wurden wir routinierter in unseren Jobs, kam irgendwann doch bei uns – jedenfalls ganz sicher bei mir – das Gefühl auf, das Leben könnte wohl doch noch etwas mehr zu bieten haben.

Heute, zehn Jahre nach dem »Ende zwanzig«, blicke ich auf mein Leben, das mir seltsamerweise noch immer – oder sollte ich besser sagen: wieder? – ziemlich frei und unabhängig vorkommt. Ein Leben, in dem (meine Eltern würden es lachend bestätigen) meine Macken nicht weniger geworden sind, ich aber glücklich verheiratet, wenngleich doch kinderlos bin.

In großen Teilen war es allerdings keine leichte, unbeschwerte Zeit. Denn wir, mein kluger, zauberhafter Mann und ich, hatten jahrelang einen großen Kinderwunsch und haben letzten Endes alles in Deutschland (reproduktionsmedizinisch) Mögliche und für uns Vertretbare getan, um unser Wunschkind zu bekommen. Und wir haben dieses Wunschkind bis heute nicht.

Dennoch sind wir nun glücklich, fröhlich und frei, auch wenn es kein leichter Weg dahin war – ganz und gar nicht.

Unsere Geschichte, die Geschichte dieser langen Jahre des unerfüllten Kinderwunsches, voller medizinischer Behandlungen, vieler Grenzerfahrungen, Kübeln voller Tränen im Tal der Enttäuschung und des mühsamen Wegs in die heute abgeschlossene Versöhnung mit dem kinderlosen – aber nun wirklich nicht freudlosen – Leben, erzähle ich hier.

Meine wunderbare Mutter hat es von jeher mit diesen Worten gehalten: »Und wenn du glaubst, es geht nicht mehr, kommt von irgendwo ein Lichtlein her.« Unser Licht, das von meinem Mann und mir, leuchtete phasenweise nur noch kaum wahrnehmbar – heute strahlt es wieder. Unser Weg dahin und die Tipps, Methoden und Gedanken, die mir im Umgang mit unserem unerfüllten Kinderwunsch geholfen haben, sind der

Grund, warum ich heute als Kinderwunsch-Coach arbeite, und gleichzeitig Anlass, meine Geschichte des unerfüllten Kinderwunsches zu erzählen.

Warum ich das tue? Ich möchte anderen, die von diesem Tabuthema betroffen sind, Mut machen und sie wissen lassen, dass sie nicht allein mit ihrem Erleben sind. Und dass das Leben auch ohne das ersehnte Wunschkind wunderbar sein kann – wenn man es schafft, loszulassen.

Heute

Unsere ersehnten Ferien beginnen, wir können endlich losfahren. Nach Italien. Allein das Wort »Italien« löst bei mir schon eine ganze Welle schöner Assoziationen aus; eine Welle von Eis und gegrilltem Fisch, von Sonne und Erholung, von Antipasti und Aperitivo, von Pasta, Cappuccino und Dolce Vita. Wir fahren aber nicht nur nach Italien, sondern in den Piemont. Eigentlich ist das nur zufällig unser Ziel geworden. Wir hatten uns ausgemalt, wie schön es wäre, die Ferien zwischen Kühen und Seen in Kärnten zu verbringen. Wir hatten vor, wie früher in der Kindheit zwischen früh gemähtem Heu – oder zumindest dessen Duft – morgens nach dem Aufstehen im Garten unseres (noch zu findenden) Ferienhauses Kaffee zu trinken und dem Tag beim Erwachen zuzusehen. Wir wollten die Sonne auf der Haut genießen, mit dem Hund spazieren gehen und spielen, viel lesen, auch kochen und vor allem Zeit gemeinsam verbringen. Zeit als Paar. Aber so kam es nicht. Denn wir fanden partout kein Ferienhaus, das zu uns und auch zu den Bedürfnissen von Elli, der lieben, aber eben auch jungen und entdeckungsfreudigen Hündin, gepasst hätte. Außerdem sollte es uns ja auch noch gefallen und wir konnten uns partout nicht vorstellen, zwischen Resopal-Möbeldesign und hochkurbelbaren Sofatischen mit kleinen, braunen Kacheln Erholung zu finden. Kurzum: Wir fanden kein Angebot, das uns wirklich zusagte. Irgendwann weiteten wir unseren Suchradius aus und fanden endlich im norditalienischen Piemont genau das, was wir uns erhofft hatten. Auf einer Onlineplattform war zufällig dieses wunderbare Weingut aus dem 18. Jahrhundert zu sehen, mitten in den Weinbergen und touristisch im Niemandsland gelegen.

Also brechen Andi und ich mit Elli, die seit eineinhalb Jahren mit uns lebt, Anfang August auf ins völlig abgeschieden gelegene, totale Ruhe versprechende Norditalien. Und weil wir so viel gearbeitet haben, sind wir ahnungslos, wo wir eigentlich genau hinfahren.

»Andi, hast du mal recherchiert, wie es da so vor Ort ist?«, frage ich meinen Mann, der am Steuer sitzt und seit einer Weile schon schweigend fährt. »Also ... ich meine, weißt du, was dort an Ausflügen möglich ist und was uns sonst noch erwartet?«

»Nein. Ich habe es zeitlich mit Mühe und Not gerade noch geschafft, daran zu denken, die Route zu eruieren und sicherheitshalber auszudrucken«, sagt er vom Fahrersitz aus in meine Richtung. Ich nicke ihm zu.

»Stimmt. Für mehr Recherche und vorfreudige Ferienplanerei war schlicht keine Zeit – für dich nicht und für mich nicht. Nun, dann fahren wir eben fröhlich in Richtung Ferienexperiment. Kann ja auch ganz witzig sein«, sage ich ferienlaunig fröhlich gestimmt. Und so fahren wir los, mit vielen Hoffnungen im Kopf und der Überzeugung im Herzen, dass es gut werden wird – diese Ferien, auf die wir uns so lange gefreut haben und die wir nun so dringend brauchen.

Wir bewältigen die Tour über die Schweiz und den Großen Bernardino auf einer Straße, die wir bestenfalls als Landstraße bezeichnen würden, die in Wahrheit aber eine Autobahn ist, und fahren durch Norditalien. An Lugano vorbei, an Como, an Mailand und irgendwann biegen wir auf eine dieser italienischen Straßen ab in dem sicheren Gefühl, dass wir ja gleich unser Ziel erreichen werden. Nun ja, nicht ganz. Wir brauchen noch eineinhalb Stunden über kleine Straßen und durch noch kleinere Gassen und ungezählte Dörfer, bis wir endlich unser Weingut finden.

Als wir angekommen sind, beziehen wir unsere Ferienwohnung. Klein, fast winzig, ist sie – aber sie wurde liebevoll in einem früheren Kuhstall hergerichtet. An der gemauerten Decke sieht man noch die alten Metallhaken, an denen vermutlich Tiere angebunden wurden. Der kühle Steinboden ist angesichts der Hitze von knapp vierzig Grad nicht nur für Andi und mich perfekt, sondern auch für Elli, die allzu große Wärme nun wirklich nicht mag.

Schnell haben wir ausgepackt und ziehen unsere Badesachen an. Wir nehmen die bunten Badetücher, die uns schon seit einigen Jahren in die Urlaube begleiten, und ziehen Flip-Flops an.

»Auf geht's, Liebling! Wir haben uns jetzt wirklich einen Sprung in den Pool verdient.«

»Ja, schön, nicht wahr, dass wir das jetzt vierzehn Tage lang jeden Tag tun können. Einfach in die Badehose steigen und um die Hausecke gehen und dann mit einem Kopfsprung in den Pool. Herrlich!«

Als wir um die Ecke des Hauses biegen, sehen wir, dass ein Haufen Kinder mit ihren Eltern hier ebenfalls Ferien zu machen scheint.

»Früher wäre ich umgedreht oder hätte die Zähne zusammengebissen, mich am Riemen gerissen und versucht, das Beste draus zu machen«, sage ich zu Andi in einem plötzlich aufkommenden Moment der Dankbarkeit, nachdem wir rund um den Pool verteilt Schwimmringe und Wasserspielzeug gesehen haben. »Und du weißt, dass ich früher auch geweint hätte, wenn mich außer dir niemand sieht. Ich hätte gute Miene zum sprichwörtlichen bösen Spiel gemacht. Böse nicht, weil ich Kinder nicht mag. Ganz im Gegenteil. Ich hätte mich diszipliniert, weil ich anders das Glück der anderen nicht hätte ertragen können, wo es doch unser innigster Wunsch war, selbst endlich ein Kind zu bekommen. Ach, Andi ... was bin ich froh, dass ich damit heute anders umgehen kann. Ich bin sehr glücklich, dass wir unseren Weg gefunden haben und ihn so gut gehen können. Mehr noch, dass er uns glücklich macht.«

Am einen Ende des Pools, dort, wo die geschwungenen Treppen ins Wasser führen, sehen wir eine hochschwangere junge Frau und ihr Kleinkind.

»Vielleicht eineinhalb Jahre alt? Oder was meinst du?«, raune ich Andi zu, denn wir raten öfter mal das Alter von Kindern, die wir sehen.

»Ja. Könnte hinkommen. So ungefähr jedenfalls.«

Nachdem wir die Handtücher auf den beiden freien Liegen neben der Hecke, aber dennoch in der sengenden Sonne abgelegt haben, verzichten wir angesichts der herumtollenden Kinder auf den Kopfsprung ins kühle Nass und wählen den gesitteten Weg in den Pool über die Treppen.

»Hi. Grüß Gott«, grüßen wir die Schwangere und ihren kleinen Sohn.

»Griaßt euch«, schallt es uns freundlich entgegen.

Nachdem wir uns ausgiebig abgekühlt und einige Bahnen durch das Schwimmbecken gezogen haben, zieht es uns zurück zu unseren Liegen. Gegen Abend verlassen wir den Poolbereich und gehen in unsere Wohnung. Später, als wir geduscht haben, tragen wir unser Abendbrot zur Laube vor unserer Ferienwohnung, die wunderbar von Wein und Rosensträuchern eingewachsen ist. Dort steht ein großer Steintisch mit acht Stühlen. So viel Platz brauchen wir zu zweit natürlich nicht und so nehmen wir nur die eine Seite des großen Tisches in Besitz. Etwas später kommt die nette Schwangere an unseren Tisch und fragt, ob sie, ihr Mann und ihr Sohn sich für das »Nachtessen« dazusetzen könnten. Natürlich bejahen wir dies gern.

Wir kommen ins Gespräch und erfahren, dass die beiden ihren zweiten Sohn in fünf Wochen erwarten und dass der erste

21 Monate alt ist. »Ja, das ging doch ziemlich schnell, dass ich wieder schwanger wurde«, lacht sie uns an und wir lachen mit.

»Ich bin doch ganz schön zufrieden mit mir«, sage ich zu Andi, als wir später freudig, aber müde zusammen im Bett liegen.

»So«, murmelt Andi fragend zu mir herüber.

»Früher wäre es der Horror für mich gewesen – die vielen süßen, kleinen Kinder, die Schwangere ... und ich. Und jetzt? Ich finde es herrlich – die Kinder machen mir Freude. Der kleine Schweizer ist doch ein Engelchen. So hübsch, so brav, so interessiert ... er hat einen ganz wachen Blick. Mit den Schweizern können wir es hier die Ferien über gut aushalten, glaube ich. Hast du gesehen, wie süß und ohne Angst der Kleine auf Elli zugegangen ist? Und wie sie dann nebeneinander im Gras saßen? Da geht mir doch das Herz auf. Er spielt mit dem Traktor und Elli schaut ihm einfach dabei zu.«

Die nächsten Ferientage vergehen zwischen Bummeln und Einkaufen im nahe gelegenen kleinen Städtchen, Kaffeetrinken in der Laube, Lesen auf der Liege und Baden im Pool. Es ist ein leichtes, fröhliches Leben, das wir in diesen Ferien führen dürfen.

Wenn ich auf meiner Liege ausruhe, wandert mein Blick manchmal zu den am oder im Pool spielenden Kindern. Lächelnd beobachte ich, wie sie sich Tag für Tag leichter tun, auf den großen grauen Plastikdelfin im Wasser zu klettern, um sich dann kurz darüber zu freuen, die Herrschaft über das aufblasbare Plastiktier gewonnen zu haben. Wenn ihre Freude sich dann ausdehnt und sie einen Moment unachtsam werden, dreht sich das Bild allerdings schnell: Der Plastikdelfin entfaltet ein Eigenleben und scheint sich aufzubäumen. Schupps, rutschen die Kinder herunter. Wenn sie dann prustend wieder aufgetaucht sind, lachen sie. Und ich lächele ihnen zu.

Wenn der Abend kommt, ziehen wir von den Liegen in die Laube um und genießen das Abendessen. Ein paarmal grillen wir auch mit den Schweizern zusammen. Irgendwann kommt der Zeitpunkt, wo der kleine Sohn müde und ein wenig quengelig wird und wo dann einer der Elternteile für eine Weile in ihrer Wohnung verschwindet, um ihn schlafen zu legen. Andi und ich bleiben genüsslich sitzen und freuen uns unseres Lebens.

»Weißt du was?«, versuche ich Andis Aufmerksamkeit zu gewinnen, der anscheinend gerade ein spannendes Kapitel in seinem Krimi liest und vollkommen in den Mordermittlungen aufgeht.

»Was denn?«, fragt er, ohne von seinem Buch aufzublicken.

»Wir haben doch wirklich ein gutes Leben! Wenn anderer Leute Kinder müde werden, bleibt ihnen nichts anderes übrig, als sie zu Bett zu bringen – egal, wie schön der laue Augustabend gerade ist. Wir aber, wir können einfach sitzen bleiben und unseren Weißwein weiter auf der Terrasse trinken. Das ist doch wirklich schön, nicht wahr?«, teile ich Andi meine Begeisterung mit und blicke in den Sternenhimmel. Kurz streichele ich seine freie Hand, die auf dem Steintisch liegt.

»Ja, das ist wirklich ein Segen«, höre ich ihn hinter dem Buch sagen.

»Weißt du, wir haben keine Kinder – und deshalb müssen wir auch nicht dafür sorgen, dass sie nach einem langen Tag in der Sonne am Pool gefüttert werden. Wir können einfach hier draußen bei Kerzenschein in der Laube sitzen, lesen und das so lange tun, wie es uns gefällt. Hast du eigentlich den wunderbaren Sternenhimmel gesehen? Hörst du die zirpenden Grillen?«

Andi hat aufgegeben, weiterzulesen, oder vielleicht hat er auch gemerkt, dass seine Frau gerade Redebedarf hat. Er nimmt sein Lesezeichen und steckt es zwischen die Seiten seines Krimis. Aus dem Augenwinkel erkenne ich, dass er heute fast das halbe Buch lesen konnte.

»Liebling, ganz ehrlich: Im Moment bin ich froh, nicht dankbar, aber einfach zufrieden damit, dass wir kein Kind haben. Und dass wir zusammen trotzdem glücklich und entspannt sein können. Es war ein langer, harter Weg für uns beide, aber auch für jeden einzelnen von uns und ich war wirklich sehr oft unsicher, ob wir ein Leben ohne Kind würden führen können. Aber es klappt – und das ist das Schönste, was ich sagen kann. Lass es uns genießen – mit ganzem Herzen«, sagt Andi mit tiefer, nachdenklicher Stimme und ich weiß wieder einmal genau, warum ich ihn und niemand anderen geheiratet habe.

Die Zeit vergeht und die Ferien neigen sich dem Ende zu. Irgendwann ist es Zeit, unsere Koffer wieder zu packen. Wir sind braungebrannt, haben den Bauch voll mit gutem Essen und die Herzen voll wunderbarer Erinnerungen. So machen wir uns gut erholt und fröhlich auf den Weg zurück aus unseren Sommerferien nach Hause.

Der Weg zwischen früher und heute

»Wir lernen in der Schule immer früher und immer mehr darüber, wie man am besten eine Schwangerschaft verhindert. Im Biologieunterricht gibt es irgendwann auch die Einheit ›Sexualkundeunterricht‹. Hier lernen wir, wie Kinder entstehen. Nein, es sind immer noch nicht die Bienchen und Blumen. Wir lernen, wie die Kinder im Bauch der Mutter heranwachsen und auf die Welt kommen. Was uns niemand beibringt, ist, wie die Fruchtbarkeitskurve der Frau verläuft. Wir lernen nicht, wann wir weiblichen Wesen am fruchtbarsten sind und wie (rasant!) die Kurve nach unten geht, kaum dass wir die Altersklassifizierung 25 bis 29 hinter uns gelassen haben«, beschwere ich mich im Gespräch mit einer Freundin. »Mir hat niemand beigebracht, dass die statistische Wahrscheinlichkeit, innerhalb eines Jahres schwanger zu werden, zwischen 20 und 24 Jahren um die achtzig Prozent liegt, während sie bei 35- bis 39-jährigen Frauen nur noch bei circa fünfzig Prozent und ab vierzig bei circa 35 Prozent liegt.«

»Das stimmt. Und es kann eigentlich nicht sein«, bestärkt mich Dorothee, meine Freundin, eine – nicht nur familienpolitisch – sehr engagierte Mutter von drei Kindern. »Die Gesellschaft wundert sich über niedrige Geburtenraten. Dabei ist es doch eigentlich klar: Wir Frauen sind heutzutage so gut ausgebildet und beruflich so erfolgreich wie noch nie. Und weil wir so viel in unsere Ausbildung investiert haben, erwarten wir, dass sich das erst einmal rentieren muss, bevor wir uns anderen Dingen (beispielsweise Kindern) zuwenden. Zudem haben wir in unserer Generation, der ersten, deren Eltern selbst Nachkriegskinder sind, gelernt, dass alles möglich ist. Die meisten von uns kennen keine Not und keinen Hunger. Stattdessen sind wir vor vielleicht 25 Jahren mit dem ersten Gameboy und seinen Freuden – neben vielem anderen – konfrontiert gewesen. Wir haben gelernt, dass das Leben Freude bringen soll und einem ein Stück vom großen Kuchen zusteht. Und weil das so ist, fangen wir immer später an, uns fest zu binden, weil wir ja vorher noch etwas erleben wollen. Aber erst wenn feste Bindungen eingegangen worden sind, entsteht normalerweise früher oder später die Kindersehnsucht, der Wunsch nach einer eigenen Familie und einem eigenen Kind. Und währenddessen werden wir Frauen dreißig und fünfunddreißig und manchmal vierzig, bis es tatsächlich so weit ist.«

Ich höre Dorothee zu und weiß, dass sie recht hat. Eigentlich fühlt es sich sogar so an, als würde sie über mein Leben sprechen. Aber sie ist noch nicht zu Ende mit ihrer Rede.

»Wenn heute eine Frau vierzig Jahre alt ist, sieht sie aus wie früher eine Dreißigjährige. Wenn heute eine Frau fünfzig Jahre alt ist, wird sie oft auf gerade mal vierzig geschätzt. Was uns niemand beigebracht hat, ist, dass die Eizellen, die wir haben, nicht mit den gleichen Mitteln verjüngbar sind wie unsere Haut und unser ganzes Erscheinungsbild. Wir sehen länger besser und jünger aus – aber unsere Eizellen und unsere Fruchtbarkeitskurve schreiten kontinuierlich dem Ende entgegen. Bis wir merken, dass das so ist, ist es häufig zu spät. Ich habe Glück; ich habe drei wunderbare Kinder. Du hast dieses Glück nicht. Aber gesellschaftlich muss sich da etwas ändern – und zwar von beiden Seiten, von den Politikern und den Bürgern –, ob durch Kinderlosigkeit betroffen oder nicht. Ich finde es mutig, welchen Weg du gegangen bist!«, ruft sie mir zu, bevor sie ins Auto steigt.

Früher, ganz früher, war meine Sorge auch, dass ich ungewollt und noch in der Ausbildung schwanger werden könnte. Heute denke ich manchmal: Das wäre gar nicht so schlecht gewesen. Dann wären wir als Familie vielleicht durch das Gröbste schon durch und könnten uns voll auf den Beruf konzentrieren, wenn andere gerade erst anfangen, darüber nachzudenken, wie sie Beruf, Karriere und Kinder verbinden. Was spricht dagegen, früh Eltern zu werden? Aus meiner Sicht: Nichts.

Heute wissen mein Mann und ich, dass wir auch dann kein Kind bekommen hätten, wobei wir die konkrete medizinische Ursache in unserer Privatsphäre halten möchten. Damals wussten wir allerdings noch gar nicht, was das Problem war, und es sollte noch Jahre dauern, bis wir diese medizinische Diagnose erhielten.

Teil 1:
(Un-)heimlicher
Kinderwunsch

Unsere Liebesgeschichte

Ich denke an diesen Mann, den ich seit seinem neunzehnten Lebensjahr kenne und den ich noch immer so sehr liebe. Den ich für den Menschen halte, der am allerbesten zu mir passt. Was war das für ein Tag im Büro, als die Tür aufging und ein junger Mann zu seinem ersten Arbeitstag erschien! Zuvor hatten wir als Abteilung eine offene Stelle ausgeschrieben. Dabei war uns allen im Team wichtig, einen Menschen zu finden, der nicht nur die qualitativen Anforderungen an die Position erfüllen, sondern vor allem auch menschlich gut zu uns passen würde. Und dieser Jemand war Andi. Mit seinem offenen, interessierten Gesicht, aber auch seinem schelmischen Potenzial, das man durch die Lachfältchen hindurch erahnen konnte, wirkte er vom ersten Moment an ziemlich anziehend auf mich.

Dass wir wenige Jahre danach verheiratet sein würden, ging damals allerdings noch über meine Vorstellungskraft. Aber ich bin dankbar für diesen Fingerzeig des Himmels in meinem Leben, der mir den besten Ehemann gebracht hat, den ich mir wünschen kann.

Wahrheit oder Lüge – vom Kinderwunsch erzählen oder nicht?

Ich gebe zu, dass mein Gehirn – oder sollte ich besser sagen: mein Nachrichtenempfangszentrum im Gehirn mit dem dazugehörigen Ohr – nach vielen Jahren im Beruf sehr sensibel geworden ist, was empfangene Botschaften angeht. Andi und ich sitzen zu Hause an unserem Küchentisch vor der grünen Wand mit den vielen liebevoll gesammelten Schwarz-Weiß-Fotos und lassen den Tag und das Erlebte Revue passieren. Häufig ist es so, dass wir hinterfragen, ob das, was wir gehört haben, auch vom Sender so beabsichtigt war. Wir sind in Sachen Wahrnehmung doch einfach besonders geschult, denken wir und finden, dass es uns schon oft genutzt hat, ein derart sensibles Ohr zu haben. Wir fragen uns oft bei diesen Küchentischgesprächen, was derjenige, der gerade Gesprächsstoff ist, gesagt und gemeint hat. Was zwischen den Zeilen gesagt wurde.

»Andi, wir haben diese gewisse ›Ohr-Sensibilität‹. Ich frage mich, ab wann eine Lüge eine Lüge ist. Hast du schon mal darüber nachgedacht?«

»Wie meinst du das?«

»Nun, was zeichnet die Wahrheit – also das Gegenteil einer Lüge – aus? Ab wann wird durch das Weglassen von Informationen eine Wahrheit zur Lüge, auch wenn man sich ansonsten an die Fakten hält?«

»Oh. Darüber muss ich nachdenken«, sagt Andi und lächelt mich an. Wir beide mögen unsere Werte-Fachsimpeleien, in denen wir um Definitionen ringen. Es ist schon eine Art gemeinsames Hobby geworden.

Und hiermit gestehe ich: Wenn man eine Aussage durch das Weglassen von bestimmten Aspekten zur Lüge machen kann, dann habe ich tatsächlich jahrelang gelogen.

Denn erst nach einer langen Zeit der schleichenden Vereinsamung und des nahezu vollständigen Rückzugs aus meinem bisherigen sozialen Umfeld habe ich mich entschieden, offen über meinen Wunsch nach einem Kind zu sprechen. Warum? Weil ich einfach keine Lust mehr hatte. Keine Lust, Geschichten zu erzählen, Gründe zu erfinden und vorzuschieben, und weil ich zum Zeitpunkt meiner größten Verzweiflung der Meinung war, dass ich Menschen in meinem Leben verdient habe, denen ich die Wahrheit zumuten kann.

»Weißt du, weshalb ich dich das mit der Wahrheit und der Lüge frage?«, ergänze ich noch.

Andi schüttelt den Kopf.

»Ich bin gedanklich mal wieder beim Kinderwunsch. Und ich frage mich, ob ich heute wieder mal gelogen habe. Weißt du, ganz am Anfang habe ich ja nur für mich über den Kinderwunsch nachgedacht. Und dann später auch wir beide gemeinsam. Und das blieb – abgesehen von unseren liebevollen und unterstützenden Familien – auch sehr, sehr lange Zeit so«, sage ich und denke daran, dass Andi und ich oft darüber gesprochen haben, wen wir vielleicht über unsere Kindersehnsucht und unser Erleben informieren würden. Am Ende sind wir jedes Mal wieder davor zurückgeschreckt, es tatsächlich offen zu erzählen, weil wir beide in einem beruflich Werte-getriebenen Umfeld tätig sind und dort auch viele persönliche Verbindungen haben. Wir haben uns entschieden, nach und nach einige wenige, handverlesene Freunde einzuweihen. »Und was wir erfahren haben, war so ganz anders als das, was wir erwartet haben: Mitgefühl, Wärme, Herzlichkeit, Unterstützung, Bereitschaft zum Reden, wenn Redebedarf war, und Bereitschaft zum Schweigen, wenn Stille gefragt war. Ich bin meinen und unseren Freunden von Herzen dankbar für diese Unterstützung; ich weiß nicht, was ich ohne sie getan hätte. Dass ich es erzählen konnte, hat die Last gemindert, mich vor dem Ausdenken weiterer ›Schummeleien‹ bewahrt und mir geholfen, die Lebensfreude halbwegs zu bewahren und an dunklen Tagen wiederzufinden. Es war kein leichter Schritt damals, sie einzuweihen. Aber es hat sich gelohnt, dass ich meinem Empfinden Raum und dem Ruf nach Offenheit in Freundschaften stattgegeben habe. Danach war der Weg zwar immer noch sehr steinig – aber ich hatte mit meinen Freunden an der Seite dickere Sohlen, um darauf zu gehen.«

»Ja, das stimmt. Ohne die Eingeweihten wären wir ganz schön einsam gewesen – noch einsamer als sowieso schon.«

»Ja, aber heute habe ich mich eben wieder einmal gefragt, ob ich lüge, wenn ich zwar die Wahrheit sage – aber nicht die ganze Wahrheit. Ist das Weglassen von Informationen – wie beispielsweise über unseren Kinderwunsch auf die Frage, ob wir glücklich sind – eine Lüge? Ehrlich, ich weiß es nicht. Aber irgendwie fühlt es sich nicht nach einer Lüge im eigentlichen Sinn an. Vielleicht ist es nur das Schaffen eines Schutzraumes?«

»Das ist ethisch auf jeden Fall die passendere Formulierung, finde ich«, sagt Andi und damit ist für ihn das Thema für heute erledigt.

Unternehmensberatung

Kommen wir noch mal auf mein Bekenntnis zurück, dass ich gelogen habe – jahrelang. Denn es sind ja nicht nur die Freunde und Bekannten und Familienangehörigen, die Ausschau nach dem Babybauch halten.

Nach den ersten fünf Jahren meiner Tätigkeit im ersten Job bekam ich ein wunderbares Angebot einer Münchner Unternehmensberatung, für sie in leitender Funktion tätig zu werden. Als das Angebot mich aus ziemlich heiterem Himmel erreichte, war ich Single, 28 Jahre alt und hatte das Gefühl, so richtig durchstarten zu können. Und trotz aller Zweifel, ob ich denn nun eine geborene Beraterin sei, habe ich meinen Mut zusammengenommen und habe mich dort schließlich zur Leiterin der Unternehmenskommunikation und zum Senior Consultant für Marketing entwickelt. Ganz ehrlich: Die Stelle war wie für mich gemacht. Ich konnte und durfte mich austoben, getragen von wunderbaren Vorgesetzten und Kollegen, wie man sie sich nur wünschen kann.

Klar, ich war viel unterwegs, sehr viel – gern auch mit den sogenannten »Beraterbombern«, die montags sehr früh am Flughafen München in alle Welt starten und spät am Donnerstagabend wieder zurückkommen, gefüllt mit Menschen – hauptsächlich Männern, nebenbei bemerkt –, die alle dunkle Anzüge tragen, deren Krawatte aus der Aktentasche herausragt und die einen kleinen Aktenrollkoffer hinter sich herziehen. Es gibt Berater, die andere Berater anhand der gewählten Hemdkragen dem einen oder anderen Beratungsunternehmen zuordnen können. Als Frau muss man sich da glücklicherweise nicht einreihen.

Wer in der Beratungsbranche tätig war oder ist, weiß, dass man sich angesichts der Tagessätze, die dort bezahlt werden, keinen schlechten Tag leisten kann und möchte. Insofern waren diese vier Tage in der Woche davon geprägt, nach dem Ankommen beim Kunden sofort durchzustarten und oftmals, weil ansonsten nur das Hotelzimmer mit seinem Fernseher und dem leider oftmals nicht ausgezeichneten »Qualitätsfernsehen« wartet, praktisch durchzuarbeiten. Ich bin jahrelang in der glücklichen Situation gewesen, dass ich in der Regel wirklich tolle Kunden hatte. Nicht solche, die keine Ansprüche stellten oder mit Erreichen der Regelarbeitszeit den sprichwörtlichen Griffel fallen ließen, ganz bestimmt nicht. Aber ich durfte mit Kunden arbeiten, deren harte Arbeit im Kern doch immer von Menschlichkeit, Interesse und Offenheit geprägt war. Das hat mir das viele Reisen, das eigentlich gar nicht Teil meiner Natur ist, sehr versüßt. Zackige, intensive Tage, Monate, Jahre verstrichen und ich war stolz, in einer Unternehmensberatung, dieser eigenen Welt, arbeiten zu dürfen.

Unternehmensberatung meets Kinderwunsch

Nach zwei Jahren Beratertätigkeit wurden Andi und ich ein Paar. Das ging ziemlich schnell, das übliche Herantasten und Ausloten entfiel komplett. Mich überrascht das bis heute – im Gegensatz zu manchen Freunden – gar nicht; schließlich hatten wir bereits jahrelang unter besonders fordernden Bedingungen zusammengearbeitet.

Wir trafen uns an einem der ersten schönen sonnigen Mai-samstage spontan im Biergarten. Ein Vorhaben, das wir schon lange auf der Tagesordnung hatten und uns während der Telefonate, die wir regelmäßig führten, auch immer wieder vornahmen. Trotzdem war es, obwohl es keiner verhinderte, irgendwie bisher nicht zustande gekommen. Es kam, wie es kommen musste: Wir zwei im Biergarten, unter lauschigen Kastanien an einem der ersten wirklich schönen warmen Spätfrühlingstage, neben uns plätscherte die Würm, dieser kleine, romantische Fluss, an dem mein Herz hängt. Wir unterhielten uns, erzählten uns von dem, was unser Leben zu der Zeit ausmachte, was wir erlebten und worüber wir uns auch wunderten. Das Gespräch floss ebenso wie die Zeit dahin und irgendwie kam es zu diesem magischen Moment, der so oft in Romanen beschrieben wird.

Kurzum, wir wurden noch an diesem Wochenende ein Paar, auch wenn wir dies erst einmal für uns behalten wollten, um zu sehen, ob wir das auch beide leben wollten.

Eines Tages, vielleicht zwei Monate später, saß ich wieder einmal als Beraterin in Köln in meinem Büro, als mich ein Anruf von Andi erreichte. Ich ging ans Telefon und hörte nur die Frage: »Was hältst du eigentlich davon, Anfang September mit mir eine Woche nach Mallorca in den Urlaub zu fliegen? Das Hotel habe ich schon, der Flug ist schnell gebucht.« Nun, ich war überrascht. Ziemlich überrascht und dennoch begeistert.

Ich sage immer wieder gern über mich, dass ich ein »Phosphormensch« sei, also jemand, der sich schnell für etwas begeistern kann. Ich bin aber auch jemand, der ein gutes Bauchgefühl hat und schnell eine Bewertung für sich vornimmt. Entscheidungen treffe ich rasch und meistens bewahrheitet es sich, dass ich meinem Bauchgefühl trauen kann. Und so habe ich Andi zugesagt. Ich gebe aber auch zu, dass mein Kopf doch auch ein Eigenleben führt – und meistens versucht, die vom Bauch längst getroffene Entscheidung zu selektieren, zu filetieren und zu analysieren. Kein Wunder also, dass ich die folgende Nacht in meinem Hotelzimmer von meinem Kopf mit unzähligen Fragestellungen wach gehalten wurde, ob diese Entscheidung denn nun wohl die richtige war.

Aber am nächsten Morgen hatte mein Bauch endgültig gesiegt und am darauffolgenden Freitag reichte ich nach Rücksprache mit meinem Kunden meinen Urlaubsantrag ein. Ich dachte mir wie so oft in meinem Leben: Wer nicht wagt, der nicht gewinnt. Immerhin würden wir in diesem Urlaub sehen, ob wir tatsächlich eine ganze Woche miteinander verbringen konnten und wollten.

Der erste
gemeinsame Urlaub

Der August ging ins Land und irgendwann war es so weit, dass ich den großen hellgrünen Koffer packen konnte, den ich für Ferien erworben hatte und dessen Farbe aus den Erfahrungen einer Vielfliegerin gewählt wurde, die oft genug am Gepäckband einer Fluglinie stand und versuchte, aus der Vielzahl der schicken schwarzen Koffer ihren eigenen herauszufiltern. Und los ging es. Und ich darf sagen, es waren wunderbare Ferien und unsere Beziehung wurde immer enger.

Als wir nach einer Woche, braun gebrannt und voller Liebe im Herzen, zurückkehrten und Andis Eltern kurz besuchten, fragte seine Mutter, zu der ich von Anfang an eine wirklich gute Beziehung hatte, wie oft wir denn gestritten hätten. Nun, unsere Antwort war: »Kein einziges Mal.«

Nicht nur für sie, sondern auch für uns war klar, dass es eben eine außergewöhnliche Liebe war, die bis heute auch darauf basiert, dass wir zwar bisweilen um den richtigen Weg ringen, aber nicht streiten. Als Coach weiß ich, dass der Faktor »Streit« kein Kriterium für eine gute oder schlechte Beziehung ist, aber in unserem Fall ist es das doch. Denn wir, Andi und ich, haben ein so tiefes Verständnis füreinander, dass wir auch bei unterschiedlichen Auffassungen, die wir durchaus haben, den konstruktiven Dialog suchen und um den besten Weg ringen – aber niemals ausfallend streiten. Insofern war die Frage von Andis Mutter, die übrigens wie ich vom Sternzeichen her Zwilling ist und somit durchaus manchen ähnlichen Wesenszug zu mir aufweist, doch ziemlich wichtig und richtig.

Hochzeit und ein Traum

Nach dem Urlaub war uns klar, dass wir zusammengehören und miteinander sein möchten. Es dauerte nicht lange und wir beschlossen, es mit dem Kinderkriegen »drauf ankommen zu lassen«.

Andi war zu diesem Zeitpunkt beruflich stark eingebunden. Das bedeutete für uns, dass wir, wenn ich in München und nicht auf Reisen war, dennoch recht wenig Zeit miteinander verbringen konnten; es sei denn, ich ginge als Besucherin mit zu öffentlichen Terminen, an denen er teilnehmen musste. Gedacht – getan: Anfang Februar stand eine Podiumsdiskussion auf dem Terminkalender, zu der wir beide gingen. Anschließend war noch eine weitere Besprechung anberaumt und wir hatten vor, uns zuvor wenigstens kurz zu sehen. Und dann geschah das, was ich nicht für möglich gehalten hatte: Die Besprechung wurde kurzfristig abgesagt. Welch ein Wunder. Das ist tatsächlich außergewöhnlich und wir waren beide ganz überrascht, wenn nicht sogar etwas überfordert, plötzlich spontan einen freien Abend zu gestalten. Doch das währte nicht lange und wir entschieden uns, essen zu gehen. Auf dem Rückweg zum Auto an diesem ungewöhnlich milden Februarabend schlenderten wir fröhlich durch München. Und während wir vor einem Schaufenster stehen blieben und uns umschauten, machte mir Andi spontan einen Heiratsantrag.

»Willst du meine Frau werden?«, hörte ich Andi sagen, während ich auf die glitzernde Auslage eines Juweliers blickte.

Das hatte ich nun wirklich nicht kommen sehen und war, wenn man es freundlich formulieren möchte, doch sehr überrascht. Und so dauerte es tatsächlich eine Weile, bis ich mein erwähntes Bauchgefühl und meine Gedanken im Kopf sortiert hatte.

»Meinst du das gerade ernst?«

Andi schaute mir tief in die Augen. Da war Klarheit, Liebe und Hoffnung.

Ich rang mit mir und überlegte. Ich atmete und schaute ihn wieder an. Ich tat das nicht, weil ich eine Ehe mit ihm infrage stellte, sondern um mich in der Situation zurechtzufinden. Als ich mich gesammelt hatte, fiel ich ihm um den Hals und flüstere ein »Ja!« in sein Ohr.

Es kamen die standesamtliche Hochzeit im Oktober und die kirchliche Trauung kurz vor Weihnachten. Wir fanden, eine Winterhochzeit würde gut zu uns passen, und wir behielten recht, auch wenn ich unter dem Brautkleid eine lange Skiunterhose aus Angora tragen musste, weil es an diesem Tag so unfassbar kalt war. Aber wir haben ja Humor ...

Der Kinderwunsch

Bei uns ging also doch alles recht schnell – vom Beginn unserer Beziehung bis zur kirchlichen Hochzeit waren es gerade mal knapp anderthalb Jahre. Und bereits nach wenigen Monaten hatten wir entschlossen, dass wir ein Kind wollten, und versuchten es tatsächlich. Doch auch nach den wunderbaren Flitterwochen, die wir über Silvester in der Karibik verbrachten, stellte sich keine Schwangerschaft ein. Der Kinderwunsch erfüllte sich überhaupt nicht schnell; eine Schwangerschaft war Monat für Monat nicht in Sicht, bedauerlicherweise nicht einmal ein kleines bisschen.

Aus heutiger Sicht kann ich sagen, dass ab diesem Zeitpunkt die emotionale Achterbahnfahrt und das ständige Warten so richtig in Fahrt kamen. Ich weiß nicht, ob es Fluch oder Segen ist – aber zum Glück wusste ich damals nicht, was ich die nächsten Jahre erleben würde und aushalten müsste.

Denn: Kaum ist man wie ich damals knapp über dreißig, (frisch) verheiratet und kinderlos, wird man leider häufig mit Vorurteilen sowohl im beruflichen wie auch privaten Umfeld konfrontiert. Die einen (be-)fördern einen nicht mehr weiter, weil sie annehmen, dass die Frau »ratzfatz« in die Babypause gehen wird und es sich nicht »lohnt«. Die anderen setzen einen (haltlosen) Thesen aus, man sei beruflich derartig ambitioniert und egoistisch, dass man bewusst kein Kind wolle. Und wenn dann Menschen im Umfeld Unverständnis zeigen oder man sich einer Vielzahl von vermeintlichen »Erfolgstipps« ausgesetzt sieht, denen man ob fehlender Überzeugung oder Kraft nichts entgegenzusetzen hat, verstummt man schließlich. Auch

Freundschaften empfand ich in dieser Zeit häufig belastend, weil beispielsweise die bisherigen Vertrauenspersonen auf einmal selbst schwanger waren und einen anderen Themenhorizont besetzten.

Auch fiel es mir ziemlich schwer, mich in dieser Lebensphase in der Öffentlichkeit, auf Feiern und Partys oder innerhalb der Familie zu bewegen, denn das Thema Kinder, Schwangerschaft und Kinderwunsch ist unausweichlich und konfrontiert einen immer wieder mit der eigenen unerfüllten Sehnsucht und entsprechend mit dem eigenen Leid. Diese Einsamkeit – das Gefühl, das, was bei »den anderen« so natürlich zu klappen scheint, nicht erreichen zu können – setzt eine Abwärtsspirale in Gang, in der viele verloren zu gehen drohen. So auch ich.

Sätze, die niemand mit Kinderwunsch hören möchte

»Grrr«, murre ich in Richtung Andi. »Das gibt's doch nicht. Kaum ist man über dreißig und verheiratet, darf man sich ständig mit diesen fiesen Sätzen auseinandersetzen, die ungewollt kinderlose Frauen nie mehr hören wollen! Als wäre es nicht schon schlimm genug, dass man nur noch mit einem Blick auf den Bauch begrüßt wird!«, rege ich mich weiter auf.

»Ist das wirklich so?«

»Ja, allerdings. Jedenfalls gefühlt. Was glaubst du denn? Und dann kommen noch so lustige Ratschläge und Statements, die vermeintlich beiläufig in die Unterhaltung einfließen. Glauben die ernsthaft, dass ich nicht verstehe, dass sie in Wahrheit versuchen herauszubekommen, ob wir ein Kind bekommen wollen? Das ist doch unmöglich!«

»Hm. Was sind das denn für Sätze, die dich so aufregen?«

»›Kinder machen das Leben erst lebenswert. Es ist die natürliche Aufgabe einer Frau, Kinder zu bekommen.‹ Oder: ›Hast du keine Angst, im Alter allein zu sein?‹ Oder noch dreister: ›Wann dürfen wir denn mit Nachwuchs rechnen?‹ Oder hier die verdeckte, vermeintlich fürsorgliche Version: ›Deine Mutter würde sich so über ein Enkelkind freuen. Magst du keine Kinder?‹ Und dann sind da auch noch diese besserwisserischen Aussagen wie: ›Glaub mir, irgendwann hörst auch du die biologische Uhr ticken.‹ Und ganz schön mies sind diese in den Raum gestellten Aussagen wie: ›Dann ist dir deine Karriere wohl wichtiger …‹«

»Oha!«

»Ja, warte, ich bin noch nicht fertig. Es gibt auch noch die mitfühlende Variante wie beispielsweise: ›Das ständige Gerede über Kinder muss dich ja wohl total nerven …‹ Oder: ›Das muss wahnsinnig schwierig für dich sein, wenn auf einmal alle Kinder bekommen.‹ Übergriffig und indiskret finde ich auch das hier: ›Bei euch hat's wohl nicht geklappt?‹ Glauben die ernsthaft, dass sie so eine Antwort von mir bekommen, auch wenn sie den Nagel auf den Kopf treffen?«

Ich hole tief Luft und vermute, dass ich einen roten Kopf vor lauter Wut bekommen habe. Mir kocht wirklich fast die Galle über. Denn genau diese Sätze habe ich alle schon gehört. Mehr als einmal.

»Vermeintliche Anteilnahme – gut gemeint, schlecht gemacht und die immerwährende Neugierde schwingt in meinen Ohren mit. Echt! Wer das sagt, macht mich und alle anderen, die sich sehnlichst ein Kind wünschen, wahnsinnig! Vielleicht meinen sie es gut, ja. Aber sie helfen uns damit nicht. In meinen Ohren werden mit solchen Botschaften Thesen in den Raum gestellt, die einen zur Rechtfertigung zwingen. Mich überfordert das, denn ich muss mich schon den ganzen Tag im Zaum halten, damit ich mit meiner Sehnsucht überhaupt umgehen kann. Ja, ich vermisse etwas im Leben. Ja, ich habe natürlich Sorge, im Alter allein und einsam zu sein. Ich weiß, dass wir unseren Eltern eine Bürde auferlegen, gegen die weder sie noch wir etwas tun können. Wir wissen, dass nicht nur wir allein ›mit ohne Kind‹ klarkommen müssen. Und ja, es ist auch nicht immer leicht, wenn der Reihe nach im Bekannten- und Freundes- wie auch Kollegenkreis die süßesten Babys der Welt geboren werden. Ja, ich kämpfe Tag für Tag darum, damit umgehen zu können – mal mit mehr und mal mit weniger Erfolg. Bitte, macht uns das Leben

41

mit der vermeintlichen Weisheit doch nicht noch schwerer! Sorgt doch bitte nicht dafür, dass wir uns jedes Mal, wenn ihr einen solchen Satz sagt, innerlich wieder neu zusammensetzen müssen, weil uns so etwas regelrecht auseinanderfallen lässt«, rede ich mich in Rage und habe das Gefühl, die Menge der Leute, die auf so indiskrete Art und Weise nachgehakt hat, direkt bei mir in der Küche stehen zu haben. Ich glaube, Andi ist etwas verunsichert durch meine Wutrede und beobachtet mich wachen Auges. Aber ich bin noch nicht fertig mit meiner Ansprache vor dem imaginären, aber in der Realität für mich sehr deutlich vorhandenen Publikum: »Serviert mir nicht den optisch zwar hübschen, aber in Wahrheit sehr giftigen Fliegenpilz der Anteilnahme. Ich nehme ihn nämlich an. Und ich brauche lange, bis ich die gehörte, wenn auch vielleicht oft nicht so gemeinte Gift-Sequenz wieder los bin. Denn ja, natürlich nehme ich beim Hören dieser Fragen und Thesen die Schultern zurück, hebe den geknickten Kopf hoch, kneife die Augen zu und denke: Puh! Durch! Und das Atmen nicht vergessen! Aber in meinem Inneren sieht es ganz anders aus! Macht es mir doch bitte leicht. Seid einfach nett zu mir und an schlechten Tagen nehmt mich doch bitte einfach in den Arm. Kommentarlos, fragenlos, wortlos. Das wäre eine wirkliche Unterstützung!«

Andi schaut mich noch immer an, zieht mich an sich und küsst mich auf die Stirn, während seine Arme mich fest umschließen.

Das Versuchen – auf natürlichem Weg

Aber gut – genug Einsamkeit bringt auch Positives mit sich.
»Schatz ...«, sagt mein Mann und rutscht an mich heran. Und
er hat recht – es ist Zeit. Mal wieder. Keine Lust, denke ich. Und
dann: Aber gut – Sinn macht's schon. Auch wenn das Zweckdien-
liche nicht immer das Himmelreich öffnet. Also gut. Einatmen.
Motivation. Ausatmen.

Zu Beginn ihrer Partnerschaft können sich viele nichts
Schöneres vorstellen, als ganze Tage und Nächte gemeinsam im
Bett zu verbringen. Und wenn die Entscheidung für ein Kind –
also für den Wunsch nach einer Schwangerschaft – gefallen ist,
erleben viele Paare, auch solche, die schon lange zusammen sind,
eine Renaissance dieser fröhlichen Anfangszeit. Wenn dann
aber trotz allen Übens eine Schwangerschaft ausbleibt, Ärzte
konsultiert werden und der weibliche Zyklus auf einmal genau
vermessen wird, um günstige Zeitpunkte für eine Befruchtung
ausfindig zu machen, wird aus dem lustvollen »Üben« manchmal
eine Pflicht, die einem mit der Zeit die Lebensfreude und Leichtigkeit nimmt. Aber genau danach sehnt man sich doch gerade
in dunklen Zeiten so sehr – nach Fröhlichkeit, Unbeschwertheit,
Leichtigkeit, Lebensfreude, Spontaneität und Lust!

Ich kenne nicht wenige, die dem Partner während einer
Dienstreise hinterherreisen, weil man die fruchtbaren Tage im
Zyklus nicht versäumen will. Ein Kreislauf, der nicht zur Entspannung beiträgt und dem Paar zunehmend einen sehr, sehr
wichtigen Lebensbereich versauert.

»Liebster Ehemann«, sage ich und habe vermutlich keine astrein neutrale Stimme, während ich versuche, meinen Frosch im Hals zu bändigen. »Im Begriff ›Paarung‹ steckt auch das Wort ›Paar‹. Könnten wir *bitte* darauf achten, dass wir nicht nur die Fortpflanzung proben, sondern auch genug Momente ganz ohne Kinderwunsch haben?!«

Andi schaut mich mit großen Augen an. Er sieht gut aus, so groß und blond und mit den schönen himmelblauen Augen, denke ich, während er mich in den Arm nimmt. »Ja, wir müssen im Blick behalten, dass wir nicht alles dem Kinderwunsch unterordnen. Du weißt, dass ich ein Kind mit dir haben möchte – unbedingt. Aber ich habe *dich* geheiratet – nicht den Kinderwunsch! Lass uns doch mal wieder etwas unternehmen.«

Ich nicke, freue mich und bin in Gedanken doch schon wieder bei meinem Zyklus.

Die Überraschung

»Schaffen Sie auch Inseln, also Zeiten, in denen Sie nur das tun, woran Sie als Paar ohne Kind Spaß haben!«, sagt mein Frauenarzt ermutigend und gütig. Dennoch denke ich: Ja, ja – wenn du wüsstest! Wann bitte soll ich denn das auch noch organisieren? Und überhaupt – Spaß haben, wenn wir uns doch ein Kind wünschen ... wie stellst du dir das eigentlich vor? Weißt du überhaupt, wie das ist?!

Ich habe so viel im Kopf – nicht nur den Beruf als Unternehmensberaterin, der mich fordert mit dem ständigen Koffer-Ein-und-Auspacken, Ankommen, Abreisen ... überall unterwegs und ständig auf dem Sprung. Genau dieses Leben macht es mir schwer, im Hier und Jetzt zu leben. Andi scheint das zu wissen. Als er nach Hause kommt, die Jacke in den Schrank gehängt und die Aktentasche in seinem Büro abgestellt hat, wedelt er mit einem Umschlag.

Erstaunlicherweise schaffe ich es, interessiert zu schauen, was er da mitgebracht hat. Das ist nicht immer der Fall, denn oft bin ich zu müde und ausgelaugt zwischen Job, Kinderwunsch und dem ständigen Versuch, meine Seele auf einem halbwegs tragbaren Niveau zwischen Hoffnung und Enttäuschung zu halten.

»Schau mal, was ich heute gemacht habe«, sagt Andi.

»Gearbeitet?«, lache ich ihn an.

»Auch. Rate weiter!«

»Weil ich ja so gern rate und Überraschungen so besonders schätze? Na gut: Du hast mir einen Zeitungsartikel aufgehoben.«

»Nö!«, lacht Andi mich schelmisch an. »Also?«

Obwohl ich wirklich keine Überraschungen mag und mich nur bedingt erfolgreich als Ratefuchs betätige, fantasiere ich drauflos.

»Kinokarten?«

»Falsch!«

»Einladung zu einer Hochzeit?«

»Die soll ich heute gemacht haben? Ergibt keinen Sinn, merkst du selbst, oder?«

»Also. Was ist es denn?«

Andi merkt, dass ich jetzt für meinen Geschmack genug Vorschläge gemacht habe, und erbarmt sich. Ich vermute, dass ihm wieder einfällt, dass Geduld nun wirklich nicht zu meinen besonderen Stärken gehört.

»Spatzl, wir machen einen Ausflug! Im Juli! Ich habe schon alles gebucht!«

»Wie, du hast schon gebucht! Und was für einen Ausflug? Wohin überhaupt?«

Hatte ich erwähnt, dass mir neben der Geduld auch die Bereitschaft fehlt, mich fremdverplanen zu lassen? Ich entscheide schon gern selbst. Aber gut, mein Mann hat sich Mühe gegeben und sich etwas für mich einfallen lassen. Und mir eine Überraschung bereitet. Ich fange an hochzuhüpfen und versuche, den weißen, länglichen Briefumschlag, den er jetzt mit gestrecktem Arm hochhält, zu erwischen. Gar nicht so leicht. Aber ich schaffe es, erwische den Umschlag, strahle Andi ob unseres kleinen Wettkampfes an und zeige mein schönstes Gewinnerlächeln.

Und auf einmal halte ich inne. Was kann es sein, was hat er sich da überlegt? Schnell fällt mir ein, dass es ja sein könnte, dass er sich auch wünscht, mal rauszukommen aus allen Verpflichtungen und etwas zu erleben. Ach, wie schön wäre das!

Ich halte den Umschlag, der auf einmal so viel Vorfreude verspricht, in meinen Händen. Für einen Moment bin ich tatsächlich nur hier – nicht beim Eben und nicht beim Gleich, einfach nur hier. Mit dem Umschlag in der Hand. Er fühlt sich auf einmal, obwohl es ein ungefütterter Standard-Briefumschlag ist, ganz weich an. Ganz vorsichtig hebe ich die eingesteckte Lasche auf der Rückseite hoch. Und dann sehe ich sie, die Flugtickets. Ein Stück weit ziehe ich sie noch raus und kann nun auch lesen, wohin sie uns bringen werden. Nach Rom!

Drei Wochen später ist es so weit, es geht endlich los in Richtung Rom. Andi hat den Kurztrip mit meinem Büro abgestimmt und einen Flug am Mittwochabend ausgesucht; von München nach Rom. Das heißt, dass ich am Mittwochmittag bereits das Büro verlassen muss, um rechtzeitig zu Hause zu sein, den Koffer zu packen und die Blumen zu gießen. Als Andi kurz nach mir zu Hause eintrifft und wir uns mit einem kurzen Kuss begrüßt haben, lassen wir uns auf das Sofa fallen.

»Und? Wie war dein Tag?«, frage ich ihn.

»Anstrengend. Ich kann so gut wie möglich vorausarbeiten und meinen Schreibtisch abarbeiten. Und dann kommt doch immer noch etwas Unvorhergesehenes, Dringendes rein. Da komme ich echt ins Schwitzen.«

Ich nicke. Ich kenne das so gut. Mir ging es genauso. Ich hatte gerade noch eine kurzfristig angesetzte Telefonkonferenz mit meinem Auftraggeber, der mal »ganz kurz« noch ein paar Fragen hatte zu einem Konzept, das ich geschrieben habe.

»Unglaublich, oder? Es scheint fast so, als würden die Menschen im Umfeld glauben, die Welt würde enden, nur weil wir mal zweieinhalb Arbeitstage – und das sogar mit Ankündigung – nicht erreichbar sein werden. Irgendwie kommt es dann doch immer völlig überraschend. Wie bei der Bahn der Herbst oder beim Einzelhandel Weihnachten. Komisch, oder?«

Andi nickt, streckt sich und schaut mich an. »Komm, jetzt machen wir uns fertig und fliegen weg. Es wird schon nichts schiefgehen! Aber ehrlich, ich könnte jetzt auch einfach ins Bett gehen«, sagt er und gähnt hinter vorgehaltener Hand. Ich fühle mich so erschöpft, dass ich das tatsächlich kurzzeitig erwäge, bevor ich mich zusammennehme und aufstehe.

Wir sammeln unsere Kleidung und die Stadtführer ein, packen alles geübt in die beiden kleinen Rollkoffer. Dann kochen wir uns noch einen schnellen Kaffee. »Auf dem Weg nach Italien in die ewige Stadt kann man einfach nicht sicher sein, dass man einen guten Kaffee bekommt, oder?«, grinst mich mein Mann an. Und dann geht's los. Erst zum Bahnhof und von dort mit der S-Bahn zum Münchner Flughafen. Leider sind wir nicht – wie von Edmund Stoiber damals auf mittlerweile so berühmte, verhaspelte Art und Weise visionär vorgeschlagen – in zehn Minuten und bereits eingecheckt vom Hauptbahnhof im Flieger. Nein, in München dauert der Weg mit der S-Bahn eine Dreiviertelstunde. Aber das macht nichts – so haben wir Zeit, innerlich bei unserer Reise anzukommen und den Büroalltag hinter uns zu lassen.

Die Stadt der Liebe ist Paris. Die ewige Stadt ist Rom. Und wir sind mitten drin. Andi hat ein schönes kleines Hotel in der Nähe der Fontana di Trevi gefunden, wir haben schon das Zimmer bezogen. Es ist spät am Mittwochabend, aber wir wollen noch einmal kurz los und einen ersten, kleinen Eindruck von Rom bekommen, bevor wir ins Hotelbett fallen.

Es sind nur ein paar Minuten zu Fuß zur Fontana di Trevi, diesem sagenhaft schönen und abends romantisch beleuchteten Brunnen. Kaum sind wir angekommen und haben uns umgeschaut, müde, aber fröhlich, schlägt Andi vor, in der nahe gelegenen Gelateria, die er auf dem Weg gesehen hat, ein Eis zu holen.

»Was möchtest du?«

»Vanille und Haselnuss, bitte.« Ich bestelle das, was ich immer bestelle, wenn ich eine neue Gelateria entdecke. Ich finde, bei den Standard-Eissorten ist die Vergleichbarkeit am höchsten. Wie sonst sollte ich an meinem Lebensende die Frage beantworten können, wo ich denn nun das beste Eis gegessen hätte? Falls das mal jemand von mir wissen möchte.

Ich bleibe allein am Brunnen zurück und schaue die vielen Figuren an, die aus dem Marmor herausgeschält wurden. Davor plätschert das blaue Wasser. Nein, an Anita Ekberg denke ich nicht.

»Signora!«, höre ich dicht neben mir. Schwupps, drehe ich mich auf dem nicht vorhandenen Absatz meiner Ballerinas um und sehe einen Mann vor mir, dunkle Augen und Haare und im Arm drei rote, langstielige Rosen. Ich nehme sie an und schnuppere an ihnen, um zu sehen, ob sie so schön duften, wie sie aussehen.

»Spatzl!«, höre ich Andi zurückkommen, zwei Eis in der Hand. Eins davon reicht er mir und bevor ich es abnehmen kann, dreht sich der Rosenverkäufer zu Andi um und streckt die offene Hand vor, die Handfläche nach oben. Es sieht so aus, als wollte er Geld. Aber das verstehe ich nicht gleich.

»Andi, nein. Er will doch nur Feierabend machen, es ist spät – da hat er mir die Rosen geschenkt.«

Aber der Mann steht noch immer da mit der offenen Hand.

»Spatzl!«, sagt Andi. »Du bist wirklich selten naiv, aber jetzt schon! Wusstest du nicht, dass sie es genauso machen? Den Frauen werden die Rosen gereicht und die Begleiter müssen sie dann bezahlen. Und zurück nehmen sie sie auch nicht.«

Andi meint das liebevoll und gibt dem Verkäufer einen Fünfeuroschein. Aber der ändert seine Haltung nicht und es wird klar, dass ihm das für die drei roten Rosen nicht reicht.

Am Ende ist Andi um zehn Euro ärmer und ich um drei rote Rosen reicher, die ich ins Hotel zurücktrage und im Zahnputzbecher neben den Fernseher auf den kleinen, dunkelbraunen Schreibtisch stelle. Nachdem das ganze Hotelzimmer in Dunkelrot gehalten ist und die Möbel aus dunklem braunem Holz sind, machen sie sich dort eigentlich ziemlich gut – meine Rosen. Und dann schlafen wir ein – tief und fest in der ewigen Stadt.

Die Entscheidung

Wir sind schon zwei Tage in Rom und haben uns so viel wie möglich erlaufen. Wir haben bewusst auf jede Form des Transports verzichtet und sind im Schnitt pro Tag etwa 35 Kilometer zu Fuß gelaufen. Wir mögen das; wir finden, dass man auf diese Weise viel mehr entdeckt und ein besseres Empfinden dafür bekommt, wie eine Stadt tickt.

Am letzten Abend sitzen wir draußen in einer kleinen Trattoria in einer etwas ruhigeren Seitenstraße des Stadtkerns von Rom. Wir haben beschlossen, dass wir nach den perfekten Tagen, die uns so gutgetan und uns tatsächlich eine Ablenkung ermöglicht haben, mit einem schönen Abendessen feiern wollen. Tagelang haben wir uns wieder nur als Paar erlebt und den Kinderwunsch als Thema wirklich zu Hause gelassen. Wir haben im sprichwörtlichen Sinn über »Gott und die Welt« gesprochen – nicht darüber, was uns im Leben fehlt. Und das war auch gut, schön und sehr, sehr wohltuend!

An diesem Abend aber sprechen wir über das, was wir erlebt haben. Wir erzählen uns, was uns beeindruckt hat. Wir lachen miteinander über die Geschichte mit dem Rosenverkäufer. Und ja, auch darüber, dass ich, die ich eigentlich recht vorausschauend bin, diese Situation nicht richtig eingeschätzt und erfasst habe. Wir haben wirklich Spaß an diesem schönen lauen Sommerabend mit dem herrlichen Essen und dem Wein, den ich mir ausnahmsweise genehmige.

Ich weiß nicht, ob es an dieser magischen Stimmung am letzten Abend unsere Kurzurlaubs liegt oder an der Fröhlichkeit, die uns als Paar verbindet, dass wir uns stark und unbesiegbar fühlen. Ich weiß auch nicht mehr, wer von uns den Vorstoß machte – aber einer von uns beiden war es. Und zwar nach dem himmlischen Saltimbocca und vor dem Nachtisch. Auf jeden Fall kam das Gespräch auf das, was uns noch zu unserem Glück fehlt: ein Kind. Dabei sind wir uns einig. Wir wissen, dass wir es gut haben: miteinander, mit zwei Berufen, die wir gern mögen, und einem schönen Zuhause. Eigentlich ist alles gut – wenn wir nicht beide Kinder lieben und uns nach einer eigenen Familie sehnen würden.

Der Kellner kommt und fragt, ob alles recht war und ob es uns geschmeckt habe. Wir loben die Hauptspeise und lächeln ihn an. Er geht wieder und ich sehe ein zufriedenes Lächeln in seinem Gesicht.

Und auf einmal sprechen wir über das letzte Dreivierteljahr, über unsere Versuche, jede fruchtbare Phase im Zyklus zu nutzen, um endlich die ersehnte Schwangerschaft herbeizuführen, und das, was wir dafür sonst noch so tun. Ich habe nachgelesen, welche Lebensmittel die Fruchtbarkeit steigern, und habe mich bemüht, sie vermehrt zu essen. Und ich habe gelesen, welche Genussmittel man besser meiden sollte. Also habe ich auf Wein größtenteils verzichtet, seit Monaten schon. Bis heute Abend. Und nun sprechen wir über unser Erleben und die magische Nacht in Rom tut ihr Übriges dazu, dass wir unsere inneren Gedanken offenbaren.

Im weiteren Verlauf des Gesprächs überlegen wir, unsere große Sehnsucht nach einem Kind durch Reproduktionsmediziner unterstützen zu lassen, also den Weg in eine Kinderwunschklinik zu suchen.

Die Kliniksuche

Wenn eine Entscheidung gefällt ist, wenn ich beschließe, etwas umzusetzen, dann tue ich das auch. Wir haben eine Entscheidung getroffen und los geht's. Ich bin dann gar nicht mehr zu bremsen und will, wenn ich mich für ein Thema interessiere, am liebsten einfach nur noch tief eintauchen und gute Quellen ausgraben. Ich behaupte ja gern, dass ich in Teilen zur Gattung der »sehr breit interessierten Menschen« gehöre. Ich bin also jemand, der sich für sehr viele Dinge interessiert und ein einigermaßen breit aufgestelltes Wissen hat – auch dort, wo es mit dem eigenen Leben eigentlich gar nichts tun hat.

Das ist beispielsweise beim Kochen so. Ich habe ein unglaublich großes Wissen darüber, wie man welches Gericht zubereitet. Ich kenne die Bedeutung von Fachbegriffen, die von Profiköchen verwendet werden. Aber … ja, aber: Ich koche nicht – so gut wie gar nicht. Und wenn, dann nur schnelle Gerichte. Mir fehlt die Geduld, darauf zu warten, dass ein Gericht fertig wird. Zwei Stunden Garzeit im Ofen? Ihr könnt sicher sein, dass ich das nicht koche.

Doch, einmal habe ich so etwas gemacht. Ich liebe Quitten und trauere noch heute dem Quittenkonfekt meiner Großtante hinterher, die mit 97 Jahren selig entschlafen ist und leider das Rezept mit in den Himmel genommen hat. Nach langer Suche hatte ich endlich ein Herstellungsverfahren gefunden, das so klang, als könnte es zu einem Quittenkonfekt führen, das dem in der ganzen Familie so geliebten »Quittenbrot« von Tante Maria wenigstens ähnlich wäre. Es dauerte sage und schreibe drei Tage, die Quitten so zu verarbeiten, dass die Grundlage für das Konfekt trocknungsbereit auf den Backblechen lag. Und weitere, man glaubt es kaum, fünfzehn Tage mit täglichem Drehen und Wenden, bis es so getrocknet war, dass man die kleinen Quadrate in feinstem Zucker wenden und anschließend in hübsche kleine Geschenktütchen verpacken konnte. Dies ist aber auch die einzige Ausnahme, die mir einfällt, bei der ich mich einer langen Zubereitungszeit geopfert habe.

Was ich zu Beginn meiner Kinderwunschklinik-Recherche nicht wissen konnte: Auch dieser Prozess würde mich lange, sehr lange, beschäftigen. Dagegen sind die achtzehn Tage Quittenkonfekt geradezu lächerlich. Heute weiß ich, dass es manchmal ganz gut ist, nicht das volle Ausmaß eines Vorhabens zu kennen – weil man sonst vielleicht gar nicht erst starten würde. Weil man vorher schon den Kopf in den Sand stecken würde, weil es zu lange, zu aufwändig, zu anstrengend wird.

»Es ist schon erstaunlich, was das Internet uns alles beschert«, sage ich zu Andi, während wir am Sonntagnachmittag spazieren gehen. Die Sonne scheint und mir tut es gut, beim Laufen durch Wald und Wiesen mit Andi sprechen zu können. »Ich habe jetzt eine ganze Woche lang in jeder freien Minute das Netz nach Informationen über Kinderwunschkliniken in München durchstöbert. Und ich sage dir, da verstehst du erst mal nur Bahnhof«, beschwere ich mich weiter.

Andi schaut mich an und stolpert fast über einen Stein. Im letzten Moment kann ich ihn noch auffangen. »Wieso denn das?«

»Na, die Internetauftritte der Kliniken und Praxen sehen ja optisch meistens ganz chic aus. Da gibt es Fotos vom Empfangstresen, von den Ärzten und Schwestern und von Eizellen, die sich teilen. Und vom Sperma, durch ein Mikroskop betrachtet. Aber woher weiß ich denn bitte, worauf ich achten muss? Das ist alles gutes Marketing, hübsche Bilder und so – aber ich will doch, dass wir eine Klinik finden, die fachlich gut ist. Wenn sie dann noch schön gestylt ist, okay. Aber mir ist doch wichtig, dass die was können!«

»Recht hast du!«

»Ja. Ich weiß. Aber ich kenne mich nicht aus. Dieses Fachchinesisch versteht doch kein Mensch! Ich habe drei Tage gebraucht, um herauszufinden, dass es eine sogenannte ›Baby-Take-Home-Rate‹ gibt, anhand derer die Kliniken ihre Erfolge beziffern. Ist ja schön und gut – letzten Endes zählt, dass man nicht nur schwanger wird, sondern dass das Kind auch tatsächlich geboren wird, nicht wahr? Also eben ›Baby-Take-Home‹. Na toll. Und dann darfst du losgehen und die Quoten aus lustigen Tabellen ablesen und herausarbeiten und Listen darüber führen, welche Klinik wie viele Babys ›nach Hause gebracht‹ hat. Aber das macht keinen Spaß, sage ich dir! Ich will ein Kind haben und keine Excel-Expertin werden.«

Ich bin gerade echt im Überforderungsmodus. Alles neu, alles ungewohnt, eine Portion Unsicherheit im Gepäck und erst einmal habe ich außer tiefer Recherche wirklich keine Idee, woher ich die Quellen bekommen soll, die eine verbindliche Grundlage für eine Entscheidung sein könnten.

»Gibt es da keine Erfahrungsberichte?«

»Wie denn? Kein Mensch redet über den unerfüllten Kinderwunsch – und wenn, dann nur anonym. Oder sehr spät mit ausgewählten, wenigen Menschen – wenn die Last, das Thema allein zu tragen, zu groß wird oder wenn die Umgebung zu skeptisch wird. Aber da kann ich ja nicht einfach so nachhaken. Und wer sagt mir denn, dass die Berichte nicht gefälscht oder bestellt sind – so wie oft bei den Bewertungen von Hotels und Restaurants?«

Andi hat es gerade echt nicht leicht mit mir und dass die Sonne scheint, hilft der Stimmung nur bedingt – die nehme ich nämlich gar nicht wahr, weil ich mich so in Fahrt geredet habe. Alles, was ich diese Woche erlebt habe, muss jetzt raus. Da muss er durch, denke ich.

Ich liebe diese Sonntagsgespräche beim Spaziergang. Unter der Woche konzentriert sich jeder auf seine Sachen. Abends erzählen wir uns vor dem Schlafengehen immer, wie der Tag war – aber die großen Themen, die, die wirklich Zeit brauchen, heben wir uns meistens für das Wochenende auf. Auf diesen Sonntagsspaziergängen planen wir immer, was ansteht, stimmen uns ab und entwickeln neue Vorhaben. Manchmal denke ich, dass wir durch die vielen Jahre der Zusammenarbeit einen ganz besonderen Modus im Miteinander gefunden haben. Das, was zu planen ist, planen wir oftmals in ähnlicher Art und Weise, wie wir es im Beruf auch tun würden: generalstabsmäßig, mit Projekt- und Zeitplan, Risiken bedenkend, Chancen sehend, und wir erarbeiten immer die Erfolgsfaktoren. Oftmals ist es tatsächlich so, dass wir uns fragen: »Okay, wenn das der Weg ist – worauf kommt es dann an, damit es gut ausgeht?« Auch das ist eine Denke, die wir uns durch die Organisation einiger größerer Veranstaltungen angeeignet haben: gut planen, Gefahren vorausahnen und den Umgang mit ihnen, wenn sie denn eintreten, schon planen und dann anpacken und gestalten. Wir beide mögen das, für uns als Ehepaar passt das gut – und was oder wie andere Paare das machen, interessiert uns herzlich wenig.

»Ist ja schön und gut, wenn die Kinderwunschkliniken versuchen, einen brauchbaren Außenauftritt zu haben. Ist ja nicht bei allen so, dass sie Kompetenz mit entsprechenden Bemühungen unterstreichen. Aber wenn wir mal die ganzen Marketingaspekte zur Seite stellen«, greife ich das Thema wieder auf, nachdem wir eine Weile in friedlichem Schweigen nebeneinander hergelaufen sind, »dann komme ich zu dem Ergebnis, dass folgende Kriterien für die Klinikauswahl für uns Sinn machen könnten: fachliche Kompetenz und der daraus resultierende Erfolg, Kundenorientierung und menschliche Sympathie sowie eine halbwegs akzeptable räumliche Nähe beziehungsweise Erreichbarkeit für uns.«

»Okay. Okay?«

»Ja, so wie ich das sehe, muss man im Behandlungszyklus ständig dahin – hier Blutabnahme, da Ultraschall,

Medikamentenjustierung und was weiß denn ich noch alles. Wenn ich da jedes Mal durch die halbe Republik reisen muss, kann ich es auch gleich sein lassen. Wie soll ich das denn alles neben dem Berufsalltag unterbringen?«

»Stimmt«, sagt Andi, und ich merke deutlich, dass er nun auch gemerkt hat, dass das ganze Vorhaben vermutlich nicht in die Kategorie »schönes Paarerlebnis« fallen wird.

»Also, noch mal: Wenn meine Kriterien richtig sind und ich davon ausgehe, dass die Hauptlast des Ganzen bei mir liegt, dann habe ich eine favorisierte Praxis. Die ist in erreichbarer Entfernung. Und noch etwas, was ich wichtig finde: Sie haben wenigstens eine Internetseite, die Informationen über den Ablauf und die verschiedenen Behandlungsmethoden gibt und alles halbwegs brauchbar erklärt. Das finde ich per se schon mal vertrauenerweckend. Sie tun wenigstens nicht ganz so, als wäre es nur ein Spaziergang oder gar ein Wellnesstrip.«

Andi bleibt stehen, schaut kurz hoch zum Himmel in die Sonne und dann zu mir. »Hör mal, Spatzl, ich weiß, dass du da echt Mühe – zeitlich und seelisch – investiert hast. Ich weiß, dass das, was wir uns vorgenommen haben, nicht lustig wird. Und ich weiß, dass du davon das Meiste zu tragen haben wirst. Aber ich bin da für dich und für unser Vorhaben. Es ist *unser* Vorhaben – es ist *unser* Wunsch. Du bist nicht allein, auch wenn du es nun alles gerade allein recherchiert hast. Du kannst dich auf mich verlassen.« Er nimmt mich in den Arm, ganz fest, und gibt mir einen Kuss auf die Stirn. »Wir schaffen das. Zusammen. Gemeinsam. Was meinst du: Wir könnten doch da erst einmal hingehen und uns die Klinik anschauen. Dann sind wir schlauer und haben auch ein Gefühl, ob die menschlich zu uns passen.«

Ich löse mich ganz gerührt aus seiner Umarmung. Seine starken Arme geben mir Halt und ich freue mich, dass er von sich aus genau das gesagt hat, was ich gerade am liebsten hätte hören wollen. Ach, denke ich und blinzele in die Sonne, das schaffen wir schon. Mit Andi geht das. Ich habe ein wohlig-warmes Gefühl im Bauch und auf einmal bemerke ich auch die warmen Sonnenstrahlen, die mein Haar wärmen. Innerlich fühle ich Hoffnung.

»Danke, Liebling!«, sage ich und küsse Andi. Er hat es wieder einmal geschafft, das, was ich gedacht habe, rund zu machen. »Ja, wir haben einen Plan. Ja, wir kennen den nächsten Schritt. Das tut gut. Danke, du!«

Infoabend bei den Kinderwunschärzten und die neue Sprache: »Kinderwunsch-Deutsch«

»Der Weg zum Ziel beginnt an dem Tag, an dem du hundert-prozentige Verantwortung für dein Tun übernimmst«, hat Dante Alighieri einmal gesagt. Der italienische Dichter ist schon 1321 gestorben, aber bis heute wird er auch im Zusammenhang mit Geburtsanzeigen zitiert.

Es ist so weit! Nach dem sonntäglichen Spaziergang habe ich noch einmal auf der Internetseite der favorisierten Kinderwunschpraxis in unserer Nähe nach Informationsabenden geschaut. Und siehe da, sie bieten so etwas regelmäßig an. Wir haben uns für einen Termin entschieden und uns angemeldet. Und heute ist dieser Termin.

Es ist ein Montagabend im August und Andi und ich treffen uns zu Hause, um uns dann gemeinsam auf den Weg dorthin zu machen.

Ich bin jemand, der Wert auf kleine gemeinsame Zeichen legt. Mir war es wichtig, dass wir uns nicht erst vor Ort treffen, sondern uns gemeinsam auf den Weg machen. Es ist nicht nur die Strecke, die wir heute Abend bewältigen müssen, sondern auch der erste Schritt von vielen weiteren, die folgen werden, die wir auf dem Weg zu unserem Wunschkind bewältigen müssen und auch bewältigen werden – zusammen. Und damit fangen wir heute Abend gleich an – zusammen losgehen, das Ziel vor Augen.

»Also, auf geht's zum Auto«, sage ich zu Andi und meine damit eigentlich: Auf geht's ins Ungewisse.

Gemeinsam fahren wir also los. Es ist nicht besonders weit, wir rechnen aber mit viel Verkehr. Dennoch liegen wir gut in der Zeit und die Aussicht, die seelische Nervosität durch die gemeinsame Zeit vor dem Termin noch drosseln zu können, gefällt uns beiden.

Als wir ankommen, finden wir sofort einen Parkplatz. Ich werte das als gutes Zeichen. Beim Aussteigen sehen wir uns kurz an. Andi ist einfach toll und macht wieder einmal alles richtig.

»Warte mal kurz«, sagt er.

»Was ist denn? Hast du was vergessen?«

»Ja.«

»Oh. Was denn?«

»Na, ich will dir noch was sagen«, sagt Andi, packt mich mit beiden Armen an der Hüfte und zieht mich an sich. »Ich liebe dich!«

Ich bin ganz gerührt. Was für ein Mann, was für eine Botschaft. Er weiß, dass ich nervös bin und das ganze Vorhaben sensibel betrachte. So denke ich und lächle ihn an. Dann aber löse ich mich und wir gehen die Treppen hinauf in die Kinderwunschpraxis.

»Guten Abend. Sie kommen zum Infoabend? Bitte dort drüben ins Wartezimmer. Nehmen Sie einfach schon mal Platz. Um 19.30 Uhr geht es los«, werden wir von einer netten Frau, ungefähr Mitte bis Ende fünfzig und von oben bis unten in Weiß gekleidet, begrüßt. Sie sieht nett aus und die kurzen mittelbraunen Haare, die ihr freundlich lächelndes Gesicht umrahmen, verstärken diesen sympathischen Eindruck noch.

Wir gehen durch eine Tür in das Wartezimmer. Stühle stehen zu kleinen Gruppen zusammengestellt im ganzen Raum verteilt, zur Straße hin sind Fenster und am anderen Ende des Raums ist eine große weiße Wand, die mit einem Beamer beleuchtet wird. Sie zeigt eine Begrüßungsfolie in PowerPoint, die in den typischen Babyfarben Rosa und Himmelblau gestaltet ist. »Herzlich willkommen zum Informationsabend«, steht dort.

Wir sind nicht die ersten. »Einige Paare waren wohl noch unruhiger als wir«, sage ich leise flüsternd zu Andi. Wie früher in der Schule suchen wir uns einen Platz und wie früher in der Schule überlegen wir, ob wir weit vorn, in der Mitte oder eher hinten sitzen wollen. Vielleicht haben wir Angst vor einer plötzlich auftretenden Prüfungssituation? Aber irgendwie ist es ja auch eine Prüfung, dieser erste Schritt in Richtung reproduktionsmedizinisch unterstützter Kinderwunsch.

Bald haben wir uns für zwei Stühle ungefähr in der Mitte des Raumes auf der Fensterseite entschieden und nehmen Platz. Wir merken, dass wir von den anderen Paaren beobachtet werden, aber wer sollte ihnen das verübeln. Wir sind ja auch aufgeregt, neugierig und ein wenig im Gefühlswirrwarr. Wir unterhalten uns leise über dies und das – Hauptsache, wir überbrücken die Zeit, bis der Informationsabend losgeht.

Es dauert auch nicht lange, bis drei Ärzte und eine Frau, vermutlich eine der Schwestern, den Raum betreten und wir freundlich begrüßt werden.

»Herzlich willkommen! Wir freuen uns, dass Sie den Weg zu uns gefunden haben. Heute Abend werden wir versuchen, Ihnen einen Einblick in die Möglichkeiten der Reproduktionsmedizin zu geben. Sie erfahren, was wir Ihnen anbieten können, um Sie auf Ihrem Weg zum Wunschbaby zu unterstützen. Am Ende ist Zeit für Fragen«, sagt einer der Ärzte. Ich schätze ihn auf Mitte fünfzig. Er ist groß gewachsen, hat eine gute Gesichtsfarbe und sieht recht freundlich aus. Ich sehe in seinen Gesichtszügen auch Lachfältchen und hoffe, dass diese von vielen »Baby-Take-Home«-Erfolgen stammen.

Als wir die Praxis verlassen und nebeneinander im Auto sitzen, schwirrt mir noch immer der Kopf. So viele Begriffe, mit denen ich mich in meinem Leben bisher nur sehr vage, wenn überhaupt, beschäftigt habe. Ich habe so viele Fachbegriffe gehört, dass ich mit den Buchstaben daraus eine deftige Buchstabensuppe kochen könnte – für eine ganze Kompanie.

»Hormonstatus«

»Eizellen«

»Spermienqualität«

»In-vitro-Fertilisation«

»Humangenetik«

»Fruchtbarkeitsstörung«

»Intrazytoplasmatische Spermieninjektion«

»Nicht-obstruktive Azoospermie«

»Kryokonservierung«

»Blastozyten«

»Embryonen«

»Downregulation«

»Ovarien«

»Endometrium«

»Hypophyse«

»Hodenbiopsie«

»Oligo-Astheno-Teratozoospermie«

»Zyklusmonitoring«

Die Ärzte haben sich Mühe gegeben und uns eine Präsentation gezeigt, die ich als Unternehmensberaterin und damit Power-Point-Vielnutzerin allerdings auch sehr viel schöner gestalten könnte. Schade, dass sie nicht noch fliegende Einhörner in Himmelblau und Rosa durch das Bild haben fliegen lassen, denke ich die üblichen frechen Beratergedanken und grinse.

Hauptsächlich haben sie uns, den anwesenden Paaren, erklärt, was nötig ist, damit Mann und Frau eine Schwangerschaft zustande bringen. Und uns nebenbei mit Fachbegriffen bombardiert. Am Ende war noch Zeit für Fragen. Ein Paar, das in unserer Reihe Platz genommen hatte, kam auf die Kosten zu sprechen. Hier erfuhren wir noch, dass bei Verheirateten die meisten gesetzlichen Krankenkassen fünfzig Prozent der Kosten für die ersten drei ICSI-Versuche übernehmen. So ganz festlegen wollen sich die Ärzte dann aber doch nicht, wie viel in Euro denn die verbleibenden fünfzig Prozent wären. Ganz leise höre ich für den Eigenanteil eine Summe von circa 2500 Euro pro Versuch. In unserem Fall wird sich später herausstellen, dass das nicht ausreicht. Die Kosten sind abhängig von der individuellen medizinischen Situation der Paare, ihrer Diagnose und den notwendigen medizinischen Mitteln. Viel mehr Fragen kommen nicht auf in der großen Runde; irgendwie ist die Scheu wegen des so intimen Themas der Kinderlosigkeit wohl zu groß. Auch wir haben uns nicht gemeldet.

Und damit ist der Informationsabend vorbei. Knapp drei Stunden hat er gedauert – drei Stunden, in denen wir vieles über die medizinischen Möglichkeiten erfahren haben, aber längst nicht alles verstanden haben, was möglich ist.

»Ein bisschen habe ich mich gefühlt wie im Biologieunterricht für Fortgeschrittene«, sage ich zu Andi, während ich neben ihm auf die Straße blicke. »Da werden wir eine ganz neue Sprache lernen müssen; wirst du noch sehen.«

Zum Glück hat man uns eine dicke Broschüre mitgegeben, in der detailliert noch mal das vorgetragene Wissen nachzulesen ist. Die Ärzte haben allen Paaren auch noch mit auf den Weg gegeben, diese Broschüre in Ruhe zu Hause zu lesen und sich gegebenenfalls Fragen zu notieren, die beim Beratungsgespräch geklärt werden können.

»Jetzt versuchen wir schon eineinhalb Jahre schwanger zu werden, beobachten den Zyklus und so weiter. Aber das, was sie uns heute alles gesagt haben, was nötig ist, um schwanger zu werden, erweckt ja doch den Anschein, als sei eine regulär eintretende Schwangerschaft eher ein Glücksfall als der Regelfall. Komisch, oder?«

»Ja, wirklich. Ich weiß gar nicht, wo mir der Kopf steht. Irgendwie auch ganz schön viel, woran das alles liegen kann – und trotz dieses medizinischen Wissensstands gibt es keine Garantie; das haben sie ja betont. Oder betonen müssen. Hast du das auch gehört, dass schlussendlich doch mehr als zwei Millionen Menschen trotz aller Bemühungen kinderlos bleiben müssen? Ziemlich viele, oder?«

»Ja. Aber ich hoffe, wir werden nicht dazugehören«, sage ich und merke, dass mir der Abend, obwohl mir so viele Gedanken im Kopf herumschwirren, doch irgendwie gutgetan hat. Endlich einmal Fakten, endlich etwas tun können.

Zu Hause angekommen, gehen wir ins Wohnzimmer. Wie aus einem Impuls heraus mache ich eine Kerze an und wir kuscheln uns nah aneinander auf das Sofa.

»Was machen wir jetzt?«

»Wie meinst du das?«

»Na, Spatzl, ich meine, wie machen wir jetzt weiter?«

»Hmm.«

»Wie fandest du es denn dort?«

»Na ja, freundlich waren sie. Und kompetent wirkten sie auch. Sie machen das schon ganz schön lange. Eigentlich sind die Erfolgsquoten auch ganz gut im Vergleich«, nuschele ich in Andis Schulter.

»Meinst du, du kannst den Kinderwunschärzten vertrauen?«

»Ja, ich denke schon.«

»Heißt, du möchtest dorthin gehen?«

»Ich weiß es doch auch nicht. Es scheint zu passen. Mehr können wir jetzt im Vorfeld nicht feststellen. Vielleicht sollten wir einen Beratungstermin ausmachen und dann sehen, ob es uns dort immer noch zusagt. Was meinst du denn?«

»Ich gehe dahin, wo du denkst, dass du es aushalten kannst. Mein Eindruck von den Ärzten war in Ordnung.«

»Gut, okay«, sage ich zu dem Mann auf dem Sofa, der mir, während ich an ihn gelehnt dasitze, über die Haare streicht. »Ich schlafe noch mal drüber und wenn ich das Gefühl habe, es ist in Ordnung, dann mache ich einen Beratungstermin aus. Vielleicht kann man unsere Fragen und Chancen in der individuellen Betrachtung noch einmal klarer umreißen, als es heute beim allgemeinen Informationsabend möglich war. Wollen wir doch mal sehen, was sie zu uns zu sagen haben.«

Am nächsten Vormittag erledige ich erst einmal die Dinge, die auf meinem Schreibtisch liegen und dringend sind. Gegen elf Uhr traue ich mich und rufe in der Praxis an. Eine Dame ist am Telefon und ich erkläre ihr, dass wir gestern beim Infoabend waren und nun einen Beratungstermin ausmachen möchten. Sie schlägt uns einen Termin in drei Wochen an einem Mittwochnachmittag um 16 Uhr vor und nennt uns auch den Namen des Arztes, mit dem wir sprechen können. Ich bestätige den Termin und schreibe eine SMS an Andi.

»Auf geht's«, schreibt Andi mir zurück und ich muss lächeln.

Auch er mag es nicht, nichts tun zu können. Da sind wir zwei uns sehr ähnlich. Nun haben wir einen Termin, auf den wir hoffen können, und von dort aus wird es weitergehen. Alles ist besser, als zum Nichtstun verdammt zu sein. Aber wir tun ja etwas für unseren Kinderwunsch. Deshalb bin ich so überzeugt, dass es gut ausgehen wird.

Das Beratungsgespräch

Drei Wochen sind vergangen, es ist Mittwoch. Der Mittwoch im September, der uns unserem Wunschkind näher bringen wird. Andi und ich haben noch ein paarmal über den Infoabend und unsere Eindrücke gesprochen und natürlich können wir inzwischen, typisch für uns, die Informationsbroschüre nahezu auswendig. Die letzten Wochen haben wir wirklich viele neue Vokabeln gelernt und können nun sagen, dass wir die Prüfung im Fach »Kinderwunsch-Deutsch – Teil eins« erfolgreich abgelegt haben. Jedenfalls fühlen wir uns so.

Wieder treffen wir uns zu Hause. Wieder blicken wir uns an. Wieder lächeln wir einander zuversichtlich an und steigen ins Auto. Es fühlt sich geschützter an zu zweit in diesem Blechkasten. Sicherer.

Die Fahrt dauert auch dieses Mal nicht lange und wir bekommen wieder sofort einen Parkplatz. Wie am Schnürchen läuft das heute, denke ich und schließe daraus, dass wir unser Wunschkind fast, ja fast, schon haben.

Wieder sitzen wir im Wartezimmer, das wir ja nun schon kennen. Was ich beim letzten Mal, als wir zum Infoabend dort waren, gar nicht wahrgenommen habe, ist die kleine bunte Kinderspielecke mit den Bilderbüchern und den Bauklötzen.

»Andi, siehst du das? Anscheinend haben sie Erfolg bei ihren medizinischen Unterstützungsmaßnahmen. Vielleicht läuft das so reibungslos, dass die Eltern eines Kindes dann für das Geschwisterchen gleich wieder herkommen.«

Andi sieht mich an, zögert kurz und nickt. Ich glaube, das ist uns beiden noch zu weit weg und zu abstrakt.

Wir haben noch nicht lange Platz genommen, als ein junger Arzt, vielleicht in der zweiten Hälfte dreißig und mit einem Arztkittel bekleidet, auf uns zusteuert.

»Frau Ferber?«

»Ja.«

»Grüße Sie«, sagt der Arzt in bester Münchner Manier. »Kommen Sie bitte mit. Und Sie auch.« Er blickt meinen Mann an.

Viel mehr sagt er erst einmal nicht, dreht auf dem Absatz um und wir folgen ihm den langen, hell gestrichenen Gang hinunter. Während wir gehen, frage ich mich, was es zu bedeuten hat, dass der Arzt erst mich als Frau auffordert und dann nachgelagert meinen Mann. Ist das symptomatisch für die Kinderwunschbehandlung? Passt das, weil die Frau die Hauptlast zu tragen hat, während der Mann nur gelegentlich gebraucht wird, um ein Kinderwunschbaby zu zeugen? Ich beschließe, den Gedanken nicht weiter zu vertiefen und es beim Wundern zu belassen.

Wir betreten sein Sprechzimmer und der Arzt, Dr. Hoffnung, wie wir ihn ab jetzt nennen, deutet auf die Sessel, die vor seinem Schreibtisch stehen. »Nehmen Sie doch bitte Platz.«

Jetzt schlägt mir das Herz bis zum Hals und mir ist warm.

»Was kann ich denn für Sie tun?«

Was für eine blöde Frage. Was glaubt er denn, weshalb wir hier sind?, sagt mein inneres Teufelchen. Aber dann reiße ich mich zusammen, schicke das Teufelchen weg und höre mich selbst sagen: »Nun. Wir probieren seit eineinhalb Jahren, schwanger zu werden, und bisher hat es nicht geklappt. Wir waren vor Kurzem beim Infoabend und nun sind wir hier bei Ihnen, um zu sehen, was Sie für uns tun können. Hier sind die Aufzeichnungen zu meinem Zyklus.«

Ich schiebe meine Notizen zum ihm über den Tisch und er wirft einen schnellen Blick darauf. »Sieht doch ganz gut aus. Schön regelmäßig.«

Ich sehe also gut aus – aus Sicht des Reproduktionsmediziners. Ha! Siehste mal, Teufelchen, höre ich mein Engelchen sagen.

Dr. Hoffnung will noch viel mehr wissen. Er hat eine ellenlange Liste an Fragen, die er mir stellt. Und dann eine fast gleich lange Liste nur mit anderen Fragen noch einmal für Andi. Je länger seine Fragen andauern, desto mehr habe ich das Gefühl, dass hier ein allzu großes Schamgefühl wegen der Intimität der Fragen wohl keinen Platz hat. Alles wird beleuchtet: das Liebesleben, die Zyklen, die Periode, Gewohnheiten, Ernährungs- und Genussmittelfragen und so weiter und so weiter. Wir sind brave Patienten und beantworten alle Fragen, die Dr. Hoffnung stellt. Wir tun das, weil wir hoffen, dass es uns helfen wird, bald unser Wunschkind in den Armen zu halten.

Als Dr. Hoffnung nach eineinhalb Stunden fertig ist und mich auch noch gynäkologisch untersucht hat, erfahren wir, dass wir angesichts dessen, was er in Erfahrung gebracht hat, gleich auf dem reproduktionsmedizinischen Niveau von Fortgeschrittenen einsteigen werden. Wir sind hiermit zu ICSI-Kandidaten erklärt worden. Eine künstliche Befruchtung im Labor, bei der die Eizelle »angestochen« und eine Samenzelle injiziert wird.

Am Ende des Gespräches erhält Andi eine Überweisung zum Urologen, damit auch er untersucht und sein Spermiogramm erstellt werden kann. Ich bin erst mal ohne Auftrag, denn mein Blut wird direkt in der Klinik auf HIV, Hepatitis und vieles mehr untersucht. Nichts zu tun zu haben und einfach nur abzuwarten, finde ich gar nicht so gut. Mir wäre es ja fast lieber gewesen, wenn ich den Behandlungsplan schon bekommen hätte; dann könnte ich wenigstens darüber nachdenken und die Medikamente schon mal recherchieren.

Auf der anderen Seite sehe ich an den Gesichtszügen von Andi, dass er nicht unbedingt begeistert von seinem Auftrag ist. Ich kann das auch verstehen, aber es hilft nichts.

»Da müssen wir nun durch, Liebling«, versuche ich ihm Mut zu machen. »Ich weiß, dass das bestimmt kein schöner Termin für dich wird.«

»Ist halt so. Morgen rufe ich bei dem Arzt an, den Dr. Hoffnung mir empfohlen hat. Wenigstens ist der nicht weit weg von meinem Büro«, grummelt Andi vor sich hin.

Bevor wir die Praxis verlassen, machen wir mit einer der Mitarbeiterinnen noch die Versicherungsunterlagen fertig. So eine gravierende Behandlung gibt es offenbar nicht ohne spezielle Genehmigung der Kosten durch die Krankenversicherer. Wir verlassen die Praxis mit einem großen Umschlag voller Formulare, die jeweils auch noch mit mehreren Durchschlägen angelegt sind. Die sind für die Krankenkasse und wir werden gebeten, die Behandlungspläne bis zum nächsten Termin genehmigen zu lassen und dann wieder mitzubringen.

Glücklicherweise hat unsere Krankenversicherung nur ein paar Kilometer entfernt eine Geschäftsstelle, sodass wir nach einem kurzen Blick auf die Uhr feststellen, dass wir die Anträge ebenso gut auch gleich genehmigen lassen können. Gesagt, getan, nach knapp dreißig Minuten stehen wir mit drei genehmigten ICSI-Versuchen wieder auf der Straße.

Wir sind erschöpft und glücklich – für heute haben wir viel erreicht. Wir haben in Erfahrung gebracht, wie es weitergeht. Wie es *uns* damit gehen wird, wird die Zeit zeigen. Aber für heute reicht es, wir fahren nach Hause. Dort sprechen wir nicht mehr über den Kinderwunsch und die anstehende Behandlung, sondern kochen uns einen Teller Nudeln. Ja, genau – stärkt euch mal schön, für das, was kommt, höre ich das Teufelchen noch leise wispern.

Der Behandlungsplan

Wieder sind einige Wochen vergangen und Andi hatte zwischenzeitlich das Rendezvous mit dem Urologen, also dem Männerarzt. Wie erwartet, war das kein Termin, der in seiner jährlich geführten Hitliste schöner Termine einen Spitzenplatz erhält. Aber er hat es überstanden. Nachdem diese Untersuchung abgeschlossen war und ein paar Tage später der Arztbrief mit den Ergebnissen sowie Laborbefunden bei uns im Briefkasten war, haben wir einen neuen Termin bei Dr. Hoffnung vereinbart.

Nun ist es so weit – und es läuft genauso ab wie beim ersten Beratungstermin. Wir sitzen im Wartezimmer, Dr. Hoffnung kommt zur Tür herein und holt uns ab, damit wir mit ihm in sein Sprechzimmer gehen. Als wir Platz nehmen, sehe ich schon, dass auch er vom Urologen Andis Befunde erhalten hat.

Ich blicke mich im Raum um und bemerke, dass draußen die Sonne scheint. Durch die Fenster, die mit Rollos versehen sind, wird die Sonne zwar abgeschirmt – gleichwohl vermittelt einem der helle, freundliche Raum wegen des durchscheinenden Lichts das Gefühl, an einem sicheren Ort zu sein.

»Die Testergebnisse bestätigen die Erkenntnisse meiner Befragung von Ihnen beiden beim letzten Mal«, sagt Dr. Hoffnung und blickt uns wartend an, als sollten wir jetzt zustimmend nicken, als hätten wir etwas von dem verstanden, was er uns sagt. Wir tun ihm den Gefallen, allerdings nicht aus einer medizinischen Perspektive heraus, sondern weil wir anzeigen wollen, dass wir seine Worte, seine Diagnose gehört haben.

»Gut. Wenn Sie das so annehmen können, können wir ja Ihren Behandlungsplan erstellen, Frau Ferber. Okay?«

Wieder nicke ich. Und wieder wundere ich mich, dass nur ich gefragt werde, als ein Teil eines Ehepaares, das sich ein Kind wünscht. Aber weil ich angespannt bin, vertiefe ich auch diesen Gedanken nicht. Und dann fällt mir ein, dass ich es zwar schon bei der ersten Befragung erwähnt habe, aber sicher ist sicher: »Dr. Hoffnung – Sie vergessen nicht, dass ich auf alles sehr stark reagiere, nicht wahr? Bei mir schlagen Medikamente in der Regel besonders stark an. Das ist sogar schon bei klassischen Kopfweh- tabletten so. Ich glaube, wir müssen mit der Dosierung bei mir achtgeben.«

»Stimmt, das hatten Sie erwähnt. Gut, dass Sie das noch einmal sagen«, sagt Dr. Hoffnung zu seiner Schreibtischschub- lade, aus der er parallel ein weißes DIN-A4-Blatt herausholt, das im Querformat bedruckt ist. Ich sehe lauter Spalten und Zeilen und einige kleine Freitextfelder. Gespannt beuge ich mich vor, während Dr. Hoffnung die Schreibtischschublade schließt, auf das Blatt Papier blickt und nun seinen Füller in die Hand nimmt.

»Schauen Sie. Ab dem 26. Zyklustag des Vorzyklus begin- nen Sie mit dem Spray. Wenn Sie Ihre Periode bekommen, nehmen Sie es weiter. Das machen Sie einfach täglich zweimal – einmal morgens und einmal abends. Jedes Mal nehmen Sie eine Squeeze-Einheit aus der Pumpflasche in die Nase. Und Sie nehmen das bitte so lange, bis wir Ihnen sagen, dass Sie mit der Spritze den Eisprung auslösen sollen. Aber das sagen wir Ihnen dann auch noch einmal. Und sehen Sie hier?«, sagt Dr. Hoffnung und deutet auf eine Spalte seiner Übersicht. »Ab dem dritten Zyklustag müssen Sie sich dann täglich zusätzlich noch eine Spritze mit dem sogenannten Pen setzen. Wie das geht, zeigt Ihnen gleich noch eine Schwester. Sie stellen bitte diese hier notierten Einheiten ein und spritzen sie sich morgens.«

»Dr. Hoffnung«, hebe ich fragend die Stimme. »Stimmt die Dosierung? Ich kenne mich nicht aus und Sie sind der Experte, aber ich bin wirklich sehr empfindlich. Übrigens wie bei Schokolade – ich muss sie nur anschauen und schon habe ich zugenommen. Sie haben das bei der Dosierung berücksichtigt, ja?«, versuche ich die Stimmung aufzulockern und wage einen Scherz.

»Ja. Eine Frau Ihres Alters und Gewichtes würde normalerweise eine ein Drittel höhere Dosis täglich bekommen. Das hier sollte für Sie in Ordnung sein, auch wenn wir Ihre Reaktion auf diese Medikamente noch nicht kennen.«

Beruhigt atme ich durch.

»Haben Sie das verstanden?«

Ich nicke. Andi nickt. Und ich sehe, dass Andi auch mir aufmunternd zunickt. Sein Blick scheint mir sagen zu wollen, dass wir das schon hinbekommen werden. Ich weiß, dass er mich nicht im Stich lässt.

Ich glaube, man sieht mir an, dass ich die Aussicht auf tägliche Spritzen nur bedingt witzig finde. Aber ich beschließe, das vor dem Arzt nicht so zu zeigen und mit der Schwester, die mir ja gleich noch das Nötige beibringen soll, zu besprechen. Vielleicht hat sie ja auch Tipps, die es leichter erträglich machen.

Dr. Hoffnung wendet sich einem kleinen Block zu, der auch auf seinem Schreibtisch liegt, und reißt einen Zettel davon ab. Er schreibt schnell meinen Namen darauf und setzt ein paar Kreuzchen. Dann erhebt er sich und deutet an, dass wir ihn begleiten sollen. Wir gehen mit ihm zum Empfang, wo eine der Mitarbeiterinnen schon erwartungsvoll den Kopf hebt und Dr. Hoffnung ansieht. »Würden Sie bitte die entsprechenden Rezepte ausstellen und Frau Ferber dann noch erklären, wie der Pen funktioniert und wie sie sich spritzen soll, Frau Engel. Dankeschön«, sagt er mit großer Klarheit. Die Dame nickt und wendet sich uns zu.

Dr. Hoffnung reicht uns noch die Hand und sagt zum Abschied: »Viel Erfolg. Bis bald.«

Die Dame steht auf und kommt um den langen Tresen herum. Sie stellt sich vor und reicht uns die Hand. »Dann kommen Sie mal mit«, sagt sie und führt uns in eines der Blutabnahmezimmer, das am entgegengesetzten Ende des Gangs liegt.

Sie öffnet die Tür eines der hohen weißen Oberschränke, die an der Wand hängen, und holt ein kleines Päckchen heraus. Es sieht fast so aus wie ein Schreibgeräteetui, wäre es nicht aus dunkelblauem Plastik. Sie öffnet es vor unseren Augen. Darin sieht man kleine Fächer. In einem ist ein Instrument, das tatsächlich an einen Stift erinnert. Es ist blau mit gelben Elementen und hat eine Kappe, die man abnehmen kann. In den anderen Fächern des Etuis sieht man kleine abgepackte Nadeln. Frau Engel greift noch einmal in den Schrank und holt eine kleine, allerdings leere, durchsichtige Ampulle heraus.

»Sehen Sie, das sind die Zutaten. Ihr Pen wird genauso aussehen, wenn Sie das Rezept in der Apotheke einlösen. Sehen Sie, Sie schrauben den Pen auf und stecken die Ampulle hinein. Dann drehen Sie ihn wieder zu. So spannen Sie die Ampulle gegen die Feder. Das funktioniert im Prinzip genau wie bei einem Füller. Wenn Sie das geschafft haben, nehmen Sie eine der steril verpackten Nadeln heraus und stecken sie vorn auf den Pen«, sagt sie lächelnd. »Das ist beim Füller quasi die Feder. Wenn Sie das erledigt haben, sind Sie startbereit. Dann müssen Sie nur noch hier drehen«, sie deutet auf den oberen Teil des Stiftes, an dem sich ein drehbares Element befindet, »und stellen die vom Doktor vorgegebene Dosis ein. Zum Beispiel hundertfünfzig Einheiten. Das können Sie hier am Strich ablesen. Sehen Sie? Aber drehen Sie nicht zu schnell; nicht dass Sie die Einheiten überdrehen.«

»Das habe ich so weit verstanden. Stimmt, es ist ja wirklich wie beim Füller. Das schaffen wir schon. Wirklich Sorge macht mir, dass ich mich jeden Tag spritzen soll. Wie mache ich das am besten? Haben Sie vielleicht ein paar Tipps, die es leichter erträglich machen?«, wage ich mich aus der Deckung.

»Ach, Frau Ferber, Sie wollen doch ein Baby. Das schaffen Sie schon. Aber vielleicht kann Ihr Mann Ihnen die Spritzen in die Bauchdecke geben? Das ist gar nicht so schwer, wenn man sich erst einmal überwunden hat. Das schaffen Sie doch«, sagt sie zu Andi gewandt.

Der nickt. Kein Wunder, schließlich hat er seinen Grundwehrdienst bei den Sanitätern abgeleistet. Das also wird nun sein Beitrag werden in den nächsten Wochen.

Zu Andi gewandt, fährt sie ermutigend fort: »Erst desinfizieren Sie die Hautpartie. Dann kneifen Sie einfach etwas Haut vom Bauch Ihrer Frau zwischen die Finger.« Sie stellt es an ihrem eigenen Unterarm nach. »Am besten versuchen Sie eine kleine Wurst zu bilden. Wenn Sie die fest in der Hand haben, können Sie mit der anderen Hand den Pen hineinstechen. Wenn Sie dabei die Haut fest drücken, wird Ihre Frau das fast gar nicht merken.«

Okay, so weit haben wir das verstanden. Wie wir damit umgehen werden, wenn es demnächst zu unserem Alltag gehört, werden wir sehen, sage ich zu mir selbst und das Teufelchen, das heute auf der linken Schulter sitzt und den ganzen Erklärungsprozess belauscht hat, nickt zustimmend.

Ein letzter Tipp folgt noch von Frau Engel: »Bitte lagern Sie den Pen mit den Ampullen immer im Kühlschrank und nehmen Sie ihn nur zum Spritzen heraus. Die Flüssigkeit muss gekühlt bleiben.«

Gemeinsam mit Frau Engel verlassen wir den Blutabnahmeraum und gehen zum Empfangsbereich zurück. Dort angekommen, sichtet sie noch einmal unsere Patientenakte, prüft die Anträge und Unterlagen auf Vollständigkeit und scheint zufrieden zu sein. Dann wendet sie sich dem Zettel von Dr. Hoffnung zu und druckt mir die Rezepte für das Spray und den Pen samt Nadeln und Ampullen sowie ein Desinfektionsmittel aus.

Als sie mir diese reicht, sagt sie noch, dass wir natürlich frei in der Wahl der Apotheke seien. Sie fügt aber als Empfehlung hinzu, dass Sie mit einer Apotheke in der Nähe eine Vereinbarung haben und diese die entsprechend häufig von der Kinderwunschklinik verordneten Medikamente entgegen der Norm anderer Apotheken stets vorrätig hält. Sie schlägt vor, dass wir unsere Rezepte dort einlösen, sodass wir die Medikamente direkt mit nach Hause nehmen können.

Die Apotheke in der Nähe der Kinderwunschpraxis hat tatsächlich alle verschriebenen Medikamente vorrätig und nachdem die Pharmazeutin sie uns ausgehändigt und uns auch noch einmal darauf hingewiesen hat, dass der Pen mit den Ampullen gekühlt sein müsse, schlendern wir mit unserer Beute zum Auto zurück. Endlich geht es los – also demnächst. Wir sind zufrieden und voller Hoffnung. Und wir sind zuversichtlich, dass der Schwangerschaftstest schon bald anzeigen wird, dass wir das Wunschbaby erwarten.

Dr. Hoffnung scheint keine Bedenken zu haben, dass es klappen wird – und so stimmen wir innerlich ein in seine Zuversicht. Die Versuche sind genehmigt, der Behandlungsplan ist erstellt und in wenigen Tagen, wenn der Zyklustag 26 naht, kann ich mit dem Spray beginnen. Es wird gut werden, sagt das Engelchen noch zu mir und schlägt zustimmend mit den schönen Flügelchen. Ich lächle. Ich bin froh, dass endlich etwas weitergeht, dass wir endlich etwas tun können, um bald unser Kind in den Armen zu halten.

Der erste ICSI-Zyklus

Ein paar Tage nach unserem Termin bei Dr. Hoffnung, bei dem wir den Behandlungsplan erhalten und die Medikamente in der Apotheke abgeholt haben, ist der 26. Zyklustag – also der 26. Tag, nachdem die letzte Periode begonnen hat. Der erste Tag der Periode ist der erste Zyklustag. Auch das musste ich erst einmal verinnerlichen, denn bisher bildete die Periode für mich immer das Ende des vorangegangenen Zyklus. Jedenfalls in meiner Gedankenwelt. Aber gut – nun ist es so weit und ich darf beginnen, den Behandlungsplan zum Leben zu erwecken. Glücklicherweise muss ich nicht gleich mit den Spritzen starten, sondern darf erst einmal nur das Spray schnupfen.

Als Nicht-Medizinerin habe ich natürlich gegoogelt, was es mit diesem Spray auf sich hat. Das Ergebnis meiner Recherche ist, dass es mir wohl verschrieben wurde, um »zu desensibilisieren und die Hirnanhangdrüsen-Keimdrüsen-Systeme in Vorbereitung auf die Ovulationsauslösung in Zusammenspiel mit einer Eizellen-Stimulation zu regulieren«. Im Klartext wird mein weibliches Ich erst einmal gedrosselt, um dann im Zyklus wieder hochgepusht zu werden. Von Null auf Hundert sozusagen; jedenfalls verstehe ich die medizinischen Aussagen des Beipackzettels so.

Meine Eizellen sollen eine gute Ausgangssituation haben, um schön wachsen zu können. Nach dem Eisprung werden sie dann punktiert. So also funktioniert das ICSI-Spiel, das wir vor uns haben. Und ich bin zuversichtlich, dass ich das Spiel beherrschen werde. Warum sollte es ausgerechnet bei mir nicht klappen, wenn es bei anderen Frauen funktioniert?

Jetzt also ist Tag 26 da. Nachdem ich morgens früh aufgewacht bin und mich fast ein wenig wie an Weihnachten gefühlt habe, wo man auch nicht weiß, ob die liebevoll geschriebenen Wunschzettel heute in Form von Geschenken Realität werden, habe ich wie gewohnt meine erste Tasse Earl Grey mit Milch getrunken, während ich in meinem schwarzen Sessel im Wohnzimmer saß und dem Tag beim Tagwerden zugeschaut habe. Andi wacht in der Regel erst auf, wenn ich meinen Tee schon getrunken habe. Und auch heute ist das so. Auf dem Weg ins Badezimmer begegnen wir uns im Gang und er küsst mich auf die Stirn. »Na, Spatzl, hast du gut geschlafen?«

»Na ja, geht so. Heute ist Tag 26 und der Behandlungsplan kann beginnen zu leben. Ich bin schon etwas aufgeregt.«

»Alles wird gut, du!«, sagt Andi, drückt kurz meine Hand und kurz darauf höre ich, dass er sich die Zähne putzt.

Siehst du – er glaubt auch, dass alles gut wird. Also fangen wir doch mal an, sagt das Engelchen. Mit dieser doppelten Ermutigung im Ohr gehe ich in die Küche, wo ich das Spray gestern schon bereitgestellt habe. Ich nehme die Kappe der kleinen weißen Flasche ab, stecke den Trichter in mein rechtes Nasenloch und squeeze einmal ordentlich. Sofort spüre ich den leichten Nebel des flüssigen Medikamentes in der Nase. Es kitzelt. Ich schniefe. Ansonsten passiert ... nichts. Absolut gar nichts.

Na, das ist ja mal wirklich ziemlich einfach, nölt das Teufelchen und bekommt dafür einen ordentlichen Schlag vom linken Flügel des Engelchens ab. Mir ist das egal, denn ich freue mich, dass wir nun mitten in der Kinderwunschbehandlung stecken. Sollen die beiden sich doch gegenseitig in Schach halten. Mir geht es gut, weil es losgeht. Wunderbar.

Die nächsten Tage vergehen und zweimal pro Tag setze ich das Fläschchen an, squeeze und schniefe. Irgendwann beginnt die Periode – diesmal sehnsüchtig erwartet, weil auch das ein untrügliches Zeichen dafür ist, dass wir uns Schritt für Schritt innerhalb des Behandlungsplanes voranbewegen. Mir gefällt das.

Natürlich habe ich auch die Nebenwirkungen des Sprays im Beipackzettel nachgelesen. Aber auch nach ein paar Tagen treten keine davon ein. Ehrlich gesagt, bin ich sehr zufrieden damit, nichts zu merken. Die möglichen Nebenwirkungen – von Depressionen über Schlafstörungen bis hin zur Lungenfibrose – hätten mir wirklich das Leben schwer gemacht.

Die nächsten Tage und die Periode gehen vorbei und Zyklustag drei ist da. Laut Behandlungsplan von Dr. Hoffnung sollen wir heute mit den Spritzen aus dem Pen anfangen. Der Tag beginnt erst einmal wie gewohnt: Ich trinke Tee, Andi steht auf, wir treffen uns im Gang auf dem Weg ins Badezimmer, Andi zieht mich an sich und küsst mich auf die Stirn, bevor wir uns hübsch machen für den Tag. Und dann ist es so weit: Zeit für die erste Spritze; Zeit für das gemeinsame Experiment.

»Treffpunkt Küche in fünf Minuten?«, frage ich Andi.

»Ja – so machen wir's«, sagt er und streicht sich die Haare zurück.

»Gut. Ich bin gespannt.«

»Ich auch. Aber es ist nicht die erste Spritze und wir bekommen das schon hin«, ruft er mir grinsend zu. »Wenn du nicht wegzuckst, Liebling.«

Ach, ich mag das sehr, wenn er so frech grinst und mich dabei wie ein unschuldiger Schuljunge anschaut, der aber schon seinen nächsten Streich ausgeheckt hat.

In der Küche holen wir den Pen samt Etui, Nadeln und Ampulle sowie das Desinfektionsmittel und die Tupfer aus dem Kühlschrank. Vorsorglich wie Andi ist, hat er auch noch ein kleines Pflaster mitgebracht.

»Mach mal den Bauch frei, junge Frau«, sagt er und ich öffne die Bluse um ein paar Knöpfe auf Nabelhöhe. »So. Und nun lehnst du dich mal schön fest gegen die Küchenarbeitsplatte.

Nicht, dass du mir vor der Nadel wegläufst und ich dich erst jagen muss«, drängt er mich in das Eck, wo zwei Arbeitsplatten aufeinandertreffen.

»Grmpf«, sage ich und beobachte, wie er sich den Tupfer schnappt, ihn mit der Desinfektionsflüssigkeit beträufelt und dann damit meinen Bauch abwischt. »Als hätte ich nicht gerade erst geduscht.«

»Ja. Aber so gehört sich das – und wir machen das hier ordentlich«, werde ich zur Räson gerufen.

»Okay.«

»So, 125 Einheiten steht auf dem Plan, oder?«

»Ja«, bringe ich noch hervor und merke selbst, wie ich immer einsilbiger werde angesichts der nahenden Erfahrung, von Andi eine Spritze zu bekommen.

»So, Spatzl, schau: Herabgerechnet von der eigentlichen Füllmenge, habe ich den Pen jetzt auf 125 Einheiten eingestellt. Schau doch auch noch mal. Passt so, oder?«

»Ja.«

»Gut. Also los. Bleib bloß stehen!«

»Ja. Aber tu mir nicht weh!«

Andi hält in der rechten Hand den Pen, an dessen unterem Ende nun die Nadel gefährlich hervorragt. Mit der linken Körperhälfte lehnt er sich gegen mich und mit der linken Hand zwackt er von meinem Bauch auf Höhe des Nabels seitlich ein wenig Haut ab und drückt sie zusammen.

»Stehen bleiben. So. Sooo … jetzt.«

»Aua! Mann!«, fluche ich und merke aber im gleichen Moment, dass es gar nicht so weh getan hat, wie ich laut geflucht habe.

»Tut's sehr weh?«, fragt mein besorgter Ehemann.

»Nein … geht schon …«, sage ich leise und inspiziere die Einstichstelle. Außer der Hautrötung durch Andis Kniff und einem kleinen roten Fleck, wo die Nadel die Haut durchstochen hat, sehe ich gar nichts.

»Okay. Das ist ja ganz gut gelaufen. Geschafft für heute. Morgen dann mehr«, traue ich mich Andi anzugrinsen und zur Belohnung bekomme ich einen Kuss.

Die Tage vergehen und jeden Morgen bietet sich das gleiche Schauspiel der Spritzensetzung. Mittlerweile zeigt sich mein Bauch dort, wo die Haut durch die Nadeleinstiche unterblutet ist, in schillernden Farben. Grün, hellgrün, gelb, dunkelgelb – das Farbspektrum ist nicht unbedingt das eines Regenbogens, aber auf mich wirkt es dennoch nicht bedrohlich, weil zum einen keine Schmerzen damit verbunden sind und es zum anderen ja das sichtbare Ergebnis unseres Kinderwunschweges ist.

Am siebten Zyklustag und nach drei erfolgten morgendlichen Spritzenritualen muss ich in die Kinderwunschpraxis zur ersten Untersuchung. Im Merkblatt, das ich schon zusammen mit dem Behandlungsplan erhalten habe, steht, dass man bemüht sei, die morgendlichen Kontrolltermine zügig abzuwickeln, da die meisten Patientinnen berufstätig seien. Wenn man umfangreichere Fragen habe, möge man bitte zusätzlich einen Termin in der Nachmittagssprechstunde vereinbaren. Mit diesem Hinweis mache ich mich um 6.45 Uhr noch ziemlich müde auf den Weg in die Klinik.

»Guten Morgen. Sie kommen zur Untersuchung im laufenden Behandlungszyklus?«, werde ich von einer weiß gekleideten Mitarbeiterin der Praxis gefragt, die deutlich jünger als Frau Engel ist.

»Ja. Ich bin Franziska Ferber.«

»Gut, Frau Ferber«, sagt sie und blickt in den Computer. »Hier habe ich Sie ja. Setzen Sie sich bitte dort in die Sitzgruppe. Der Doktor ruft Sie dann auf.«

»Okay, danke«, sage ich und mache mich auf den Weg.

Ein paar Minuten später sehe ich Dr. Hoffnung wieder, als er aus seiner Tür tritt und mich namentlich aufruft.

»Guten Morgen, Frau Ferber, kommen Sie bitte herein. Wie geht es Ihnen?«

»Ach, ganz gut, denke ich. Bisher klappt alles.«

»Gut, dann kommen Sie bitte auf den Behandlungsstuhl zum Ultraschall. Dort hinter dem Paravent können Sie sich frei machen.«

Kurz darauf liege ich auf dem gynäkologischen Behandlungsstuhl und Dr. Hoffnung führt den Ultraschall durch. Auf dem Monitor erkenne ich erst einmal wenig; noch habe ich ja nicht allzu viel Erfahrung damit. Zwischen den Grau-, Weiß- und Schwarzschattierungen scheint Dr. Hoffnung deutlich mehr zu sehen als ich.

»Sehen Sie? Da! Da sind die Eibläschen. Einige sogar«, nickt Dr. Hoffnung sich selbst und mir zu und wirkt zufrieden.

Wenig später darf ich mich wieder anziehen und in dem mir schon wohlbekannten Sessel vor seinem Schreibtisch Platz nehmen. Dr. Hoffnung fragt nach meinem Behandlungsplan, den ich, auch ganz nach Anweisung des Hinweisblattes, mitgebracht habe.

»Gut. Dann erhöhen wir jetzt Ihre Pen-Dosis. Heute haben Sie ja auch noch keine Spritze bekommen. Die Schwester spritzt Ihnen gleich hundertfünfzig Einheiten. Ihren Pen haben Sie ja dabei, nicht wahr?«

»Ja.«

»Fein. Und dann gehen Sie bitte noch zur Blutabnahme.«

Mit diesen Worten entlässt mich Dr. Hoffnung und ich höre noch auf dem Gang, wie er die nächste Patientin aufruft.

Mit dem Merkblatt haben sie schon recht. Am Morgen läuft das hier ganz schön zügig ab, sagt das Teufelchen zum Engelchen, das nur mit den Schultern zuckt. Schluss jetzt; das ist doch ein gutes Zeichen, dass es so straff organisiert ist. So kommen wenigstens alle trotz dieses Termins pünktlich ins Büro, unterbreche ich die beiden und setze mich auf den Stuhl vor der Blutabnahmezone.

Während ich warte, betrachte ich die vielen Babybilder, die dort in großen Rahmen – pro Rahmen vielleicht dreißig Bilder – hängen. Ich sehe kleine Mädchen, kleine Jungs und gemischte Zwillingspaare, die alle so süß aussehen, wie kleine Kinder nun mal kurz nach der Geburt aussehen. Während ich die Bilder betrachte, bin ich mir sicher, dass auch unser Baby dort bald einen Ehrenplatz bekommen wird.

Nach der Blutabnahme und den von der Schwester gespritzten hundertfünfzig Pen-Einheiten werde ich für heute verabschiedet und fahre ins Büro. Nun beginnt für mich das Tagwerk – obwohl ich doch heute schon so viel erledigt und geschafft habe. So langsam dämmert mir, dass innerhalb eines Behandlungszyklus von der Patientin eine Art Doppelleben gelebt wird, denn erzählen tue ich ja außer meinem Ehemann niemandem, was ich heute schon alles erlebt habe.

Am nächsten Tag, dem achten Zyklustag, geht es weiter. Wieder ein Treffen von Andi und mir in der Küche. Diese seltsame Form eines Dates kannten wir noch nicht – aber wir haben an einem der Abende der vergangenen Tage beschlossen, dass wir das mit Humor nehmen wollen, und es deshalb als »Date« bezeichnet. Dabei bleiben wir.

Andi setzt mir die Spritze in den Bauch und bemüht sich wie immer, mir nicht wehzutun. Mittlerweile habe ich mich fast schon daran gewöhnt und meistens schafft er es tatsächlich, mich so zu piksen, dass es kaum zu spüren ist.

Am neunten Zyklustag wache ich in der Früh auf und merke schon, dass ich heute nicht besonders gut gelaunt bin. Ich habe nicht gut geschlafen und zur Sicherheit googele ich schnell, ob eventuell ein Vollmond naht, denn normalerweise reagiere ich darauf, auch wenn wissenschaftlich gesehen die menschliche

Materie viel zu gering ist, um in Resonanz zu gehen. Aber nein, es ist kein Vollmond.

Ich bemerke auf einmal, dass mit meinem Bauch etwas anders zu sein scheint als sonst. Ich fühle mich aufgedunsen und aufgebläht. Mein Bauch fühlt sich groß und rund an und meine innere Stimme flüstert mir zu, dass ich schon aussehe wie im vierten Monat.

Ich weiß allerdings ja sehr genau, dass das nun wirklich nicht der Fall sein kann. Wir ziehen unser Spritzen-Date auf die gewohnte Art und Weise durch und gehen ins Büro. Im Verlauf des Tages wird das Gefühl der Enge in meinem Bauch immer stärker und gleichzeitig zieht es ganz gewaltig im Unterbauch. Die Hose, die ich an diesem Tag trage und die ich so gern mag, weil sie chic und doch bequem ist, wird gefühlt im Halbstundentakt enger und enger ... bis sie mich wirklich kneift und einschneidet. Weil ich sehr autark meine Aufgaben im Büro wahrnehmen und einteilen kann, beschließe ich, an diesem Tag früher als üblich nach Hause zu gehen und mich zu schonen. Andi schreibe ich noch eine kurze SMS: »Liebling, fahre nach Hause. Fühle mich hochschwanger. Werde mich hinlegen. Ich liebe dich aber trotzdem.« Dann trete ich den Heimweg an.

Zu Hause verbringe ich den Abend auf dem Sofa. Hunger habe ich keinen und so widme ich mich meiner Lieblingsserie, von der ich alle Staffeln auf DVD habe und die ich, wenn es nach mir ginge, mehrmals im Jahr von vorn bis hinten schauen könnte: *Sex and the City*. Später gehe ich ins Bett, lese noch ein paar Seiten in meinem Buch und schlafe bald ein.

Am nächsten Morgen, dem Zyklustag zehn, geht es mir immer noch nicht besser, sondern ganz im Gegenteil. Mittlerweile komme ich kaum noch in eine meiner Hosen hinein und erst nachdem ich die vierte Hose angezogen habe, schaffe ich es auch, den Knopf zu schließen. So angezogen fahre ich wieder in die Kinderwunschklinik, weil ich heute meine zweite Untersuchung habe.

Dort angekommen, werde ich wieder gebeten, in einer der Warteinseln Platz zu nehmen. Dr. Hoffnung bittet mich hinein und merkt mir gleich an, dass etwas nicht zu stimmen scheint. Kaum ist die Tür des Sprechzimmers hinter uns geschlossen, sprudelt es auch schon aus mir hinaus.

»Ich weiß nicht, was los ist. Aber ich fühle mich so aufgequollen, so aufgebläht. Ich passe in keine Hose mehr und außerdem habe ich Unterleibsschmerzen«, sage ich und ich merke mir selbst an, wie verunsichert ich bin.

Ein paar Minuten später während des Ultraschalls bemerke ich, dass auch Dr. Hoffnung nicht mehr ganz so entspannt wirkt wie beim ersten Besuch vor wenigen Tagen. Er teilt mir mit, dass ich eine Überstimulation habe und doch stärker auf die selbst gering dosierten Medikamente reagiere als angenommen.

»Eine Überstimulation ist im Prinzip normal. Sie ist ja genau das, was wir von Ihren Eierstöcken wollen: mehrere Eibläschen, die dann Eizellen bilden, die wir punktieren und dann befruchten können. Es ist nur eine Frage des Ausmaßes. Aber Sie reagieren ziemlich stark auf die Medikamente und haben zudem sehr aktive Eierstöcke. Sie haben sozusagen hyperaktive Eierstöcke, die ein Stück zu aktiv sind und sich auch deutlich vergrößert haben – und das merken Sie natürlich«, sagt Dr. Hoffnung und schaut mir nachdenklich ins Gesicht.

»Und was heißt das jetzt?«, schaffe ich noch zu sagen, bevor mir die Tränen in die Augen steigen.

»Nun, das bedeutet, dass wir die Medikation absenken müssen – um wie viel, sage ich Ihnen noch. Soweit ich sehe, hält sich die überschüssige Flüssigkeit im Bauchraum in medizinisch gerade noch vertretbaren Grenzen, sodass Sie nicht ins Krankenhaus müssen. Sie müssen aber heute und die nächsten Tage darauf achten, sehr viel zu trinken. Sie sollten mindestens drei Liter täglich an Wasser und ungesüßtem Tee zu sich nehmen, um Risiken zu vermeiden.«

»Und was heißt das für den Behandlungszyklus? Müssen wir abbrechen? War alles bisher umsonst?«, schniefe ich zwischen den Tränen hindurch in Richtung von Dr. Hoffnung.

»Nein, danach sieht es im Moment nicht aus«, erwidert er, verlässt den Ultraschallbereich und begibt sich zu seinem Schreibtisch. Meine Patientenakte liegt dort und während ich mich anziehe, kann ich beobachten, dass er sich Notizen macht.

»Frau Ferber, Sie hören am besten sofort mit den Spritzen auf. Sie nehmen weiterhin das Spray – aber auf eine weitere follikelstimulierende Behandlung sollten wir angesichts der Überstimulation verzichten.«

»Und was ist mit der Entnahme der Eizellen? Ist die jetzt gefährdet?«

»Nein, erst mal nicht. Sie kommen, wenn Sie sich nicht schlechter fühlen, übermorgen wieder zu uns und dann sehen wir, ob wir so weitermachen können, wie ich es im Moment einschätze. Aber sollte es Ihnen schlechter gehen, gehen Sie bitte sofort ins Krankenhaus.«

Damit entlässt mich Dr. Hoffnung und ich gehe einigermaßen benommen zu meinem Auto. Dort rufe ich erst einmal Andi an und berichte ihm, was ich gerade in Erfahrung gebracht habe. An seiner Stimme kann ich hören, dass auch er verunsichert ist. Aber das sind wir beide und außer viel zu trinken, kann ich nichts tun.

Im Büro zeichne ich mich an diesem Tag eher durch pure Präsenz denn durch Leistung aus. Gut, dass ich meinen eigenen Bereich verantworte und somit nicht jeden Tag meine Arbeitsleistung dokumentieren muss. Überhaupt merke ich den ganzen Tag, dass meine Gedanken ständig wieder zum Gespräch mit Dr. Hoffnung zurückwandern. Immer wieder, wenn ich mich an etwas erinnere, öffne ich Google und lese, was ich jeweils dazu finden kann. Überstimulation. Thrombose. Embolie. Follikelentwicklung. Vergrößerte Eierstöcke. Ovarstieldrehung. Gelbkörperzysten. Wie so oft zeichnet sich ein grauenvolles Bild vor meinem inneren Auge ab und mein Engelchen kommt mich besuchen und flüstert mir liebevoll ins Ohr: Es wird schon gut ausgehen. Du schaffst das! Dankbar versuche ich zumindest noch etwas zu arbeiten.

Am übernächsten Tag hat sich mein körperlicher Zustand zwar nicht bedeutend verbessert, aber auch nicht verschlechtert. Dr. Hoffnung scheint zufrieden mit mir und verordnet weiterhin den Verzicht auf die Spritzen. Am darauffolgenden Tag bin ich in der Früh wieder bei Dr. Hoffnung zu Besuch. Langsam wächst er mir ans Herz, nachdem ich ihn nun so häufig sehe und er trotz allem und auch angesichts seines spürbar hohen Stressniveaus immer noch ein freundliches, ermunterndes Wort für mich hat. Bei dieser vierten Untersuchung in gerade mal zwölf Tagen teilt mir Dr. Hoffnung mit, dass meine Eibläschen noch immer recht viele sind, aber gleichzeitig einen guten Eindruck machen. Er zählt die Eibläschen und wirkt angesichts der Zahl zufrieden.

Eine nichtstimulierte Frau hat in der Regel zwischen ein und zwei Eibläschen pro Zyklus. Ich warte jetzt mit mindestens dem Dreifachen auf, was natürlich für das ICSI-Verfahren erst einmal gut ist. Denn hier werden die Eizellen mit Sperma befruchtet und je mehr Eizellen sich befruchten lassen, desto größer sind theoretisch natürlich die Chancen, ohne eine erneute vollständige Zyklusbehandlung schwanger zu werden. Eine möglichst hohe Anzahl von qualitativ hochwertigen Eizellen ist also mein weibliches Ziel in dieser reproduktionsmedizinisch unterstützten Behandlung. Noch weiß ich nicht, dass es Jahre später tatsächlich etablierte medizinische Möglichkeiten unter dem Stichwort »die sanfte IVF« geben wird, ohne hormonelle Gaben zwar weniger, aber wohl auch bei manchen Frauen qualitativ bessere, weil weniger

»gestresste« Eibläschen im sogenannten Spontanzyklus entnehmen und befruchten zu lassen. Vielleicht wäre das für mich mit meiner körperlichen Konstitution ein passender Weg gewesen?

Dr. Hoffnung erklärt mir, dass die Überstimulation zwar bedenklich, aber vertretbar ist und weist auf die nächsten Schritte hin, die ich mir zwar längst angelesen habe, mir aber zur Verifizierung meines Wissens nun gern noch einmal von ihm berichten lasse. Dann kommt er zum spannenderen Teil seiner Ausführungen: »Ich denke, wir können am Samstag punktieren.«

»Oh. Wie? Echt? Äh?«, sage ich und schaue ihn mit großen Augen an.

»Ja, am Samstag. Das heißt, dass Sie sich bitte nachher noch einmal Blut abnehmen lassen. Später, wenn die Ergebnisse vorliegen, rufen wir Sie dann an und teilen Ihnen mit, wann genau Sie heute Abend den Eisprung mit der Eisprungspritze auslösen können. Nach der Wartezeit von eineinhalb Tagen kommen Sie dann und wir entnehmen Ihnen die Eizellen.«

Gegen Mittag läutet mein Handy. Die Praxis ruft immer ohne sichtbare Nummer an und meldet sich sehr zurückhaltend, ohne Nennung ihrer Institution. Stattdessen fragen sie immer direkt: »Frau Ferber?« Erst nachdem ich das bejaht habe, melden sie sich mit ihrem Kliniknamen und dem Namen des Anrufenden.

Frau Engel ist am Telefon, was mich natürlich freut, nachdem ich sie tatsächlich in den letzten Tagen immer wieder gesehen habe und wir uns sympathisch sind. »Frau Ferber, heute Nacht um null Uhr dreißig lösen Sie bitte den Eisprung mit der Eisprungspritze aus.«

»Um null Uhr dreißig? Also um halb eins in der Nacht?«, frage ich ungläubig zurück.

»Ja. Genau. Um halb eins heute Nacht.«

»Ah. Okay. Na, wenn Sie das sagen.«

»Ja. So machen Sie es bitte. Um am Samstag sind Sie bitte nüchtern um acht Uhr dreißig in der Klinik. Dann werden die

Ärzte Sie punktieren. Haben Sie das Merkblatt dazu gelesen? Haben Sie noch Fragen?«

»Ja, gelesen habe ich es. Gibt es etwas, was besonders wichtig ist?«

»Lassen Sie sich bitte herbringen und wieder abholen. Nach der Vollnarkose müssen Sie noch zwei bis drei Stunden bei uns bleiben. Danach dürfen Sie nach Hause, aber Sie dürfen nicht Auto fahren. Und wir entlassen Sie nur, wenn Sie zu Hause nicht allein sind. Sorgen Sie also bitte dafür, dass Ihr Mann sie abholt und nach Hause bringt und dann auch Zeit hat, bei Ihnen zu bleiben. Immerhin haben Sie ja Glück, Frau Ferber, dass die Punktion bei Ihnen auf einen Samstag fällt.«

»Okay, ich spreche mit meinem Mann und organisiere das. Am Samstag also um halb neun bei Ihnen.«

»Bis dahin, Frau Ferber. Sie schaffen das schon, Sie werden sehen!«, verabschiedet sich Frau Engel von mir.

Als ich Andi davon berichte, dass er mir nachts um halb eins eine Spritze geben muss, um den Eisprung auszulösen, ist er zunächst genauso ungläubig wie ich während des Telefonats mit Frau Engel. Aber wir erinnern uns, dass das eine wissenschaftliche Leistung ist, und fügen uns der Ansage. Wie gewohnt gehen wir gegen halb elf ins Bett und stellen uns den Wecker auf eine Viertelstunde nach Mitternacht. Selbst für Frühaufsteher wie uns ist das allerdings eine ungewohnte Zeit. Mitten in der Nacht treffen wir uns in der Küche zum Spritzendate. Dieses Mal ist es eine richtige Spritze, wie man sie kennt, und kein Pen. »Wenn ich ehrlich sein soll, sieht sie gruselig aus. Aber das ändert nichts an meiner Entschlossenheit«, grummele ich leise in Richtung Andi, der mich ansieht und nickt. Ich glaube, er hat das Gleiche gedacht. Aber er schafft es auch dieses Mal, die Spritze gut zu setzen, sodass es kaum wehtut.

Ab jetzt zählt's, sagt das Engelchen und lächelt. Ich hingegen schleppe mich zurück ins Bett und schicke vor dem Einschlafen ein kleines Stoßgebet zum Himmel, dass es gut geht und die Eibläschen bitte schön springen werden.

Am nächsten Tag, dem Tag vor der Punktion, bin ich den ganzen Tag aufgeregt und in einer seltsamen Stimmung – schwankend zwischen Zuversicht und Unsicherheit vor dem, was mich am Samstag erwarten wird.

Die erste ICSI-Punktion

»Die Nacht war nicht besonders erholsam«, sage ich zu Andi direkt nach dem Aufwachen, während wir noch im Bett liegen. Die digitale Anzeige des Weckers auf dem Nachtisch weist freundlich darauf hin, dass es sechs Uhr ist.

»Hast du nicht geschlafen?«

»Doch, schon. Aber irgendwie habe ich die ganze Nacht nebenbei überlegt, was mich heute erwartet.«

»Das ist ja auch verständlich. Mach dir keine Sorgen, Liebling.«

»Okay, dann stehe ich jetzt auf. Eigentlich ist es noch viel zu früh. Was mache ich denn bis acht Uhr, wenn ich nüchtern bleiben muss?«

»Komm, maul nicht, das bringt dich auch nicht weiter. Du gehst jetzt in Ruhe duschen und dann schauen wir noch mal die Tasche durch, die du mit in die Praxis nehmen willst. Und dann checken wir auch noch mal die Unterlagen, damit wir nichts vergessen«, sagt Andi liebevoll zu mir. »Und lass dir ruhig Zeit im Bad.«

Ich stehe auf und gehe ins Bad. Ich putze meine Zähne und bemühe mich sogar, das besonders ordentlich zu tun und gleichzeitig kein Wasser herunterzuschlucken. Im Anästhesie-Vorbereitungsbogen habe ich gelesen, dass mein letztes Glas Wasser am Vorabend getrunken werden soll, und ich will kein Risiko eingehen; auch wenn ich mir partout nicht vorstellen kann, dass das wirklich einen Unterschied machen würde. Nachdem ich mir die Zahnpastareste von den Lippen gewischt habe, lege ich die beiden großen weißen Handtücher bereit und stelle das Wasser in der Dusche an. Ich mag es, wenn es heiß ist. Ich mag es, wenn mir das heiße Wasser vom Kopf über den Nacken herunterläuft. Jedes Mal habe ich das Gefühl, dass damit Energie in meinen Körper fließt. Und Energie, also Kraft, kann am heutigen Tag nun wirklich nicht schaden.

Als ich fertig geduscht und mit frisch geföhnten Haaren im Wohnzimmer stehe, sehe ich, dass Andi noch einmal die Unterlagen in die Hand genommen hat.

»Ihren Behandlungsplan. Ein Nachthemd. Ein paar Hausschuhe«, liest er laut das vor, was mitzubringen ist.

»Habe ich alles eingepackt.«

»Bitte achten Sie darauf, dass Sie keinen Nagellack an Ihren Händen und Füßen tragen, und lassen Sie Ihre persönlichen Wertsachen nach Möglichkeit zu Hause. Dazu zählt auch Schmuck wie beispielsweise Eheringe oder Ähnliches.«

»Das gefällt mir ehrlich gesagt gar nicht. Ich gehe doch nicht in eine Kinderwunschklinik, damit aus uns beiden eine Familie werden kann, und lasse dann meinen Ehering zu Hause. Das können sie vergessen. Die Ringe bleiben da, wo sie sind, an meinem Finger«, beende ich die Diskussion.

Andi schaut mich an und nimmt meinen Gesichtsausdruck besonders unter die Lupe. Ich glaube, er merkt, dass meine Nerven doch ziemlich gespannt sind. Kurz zuvor habe ich ihm noch erzählt, dass mir mein geschwollener Bauch immer noch wehtut. Ich glaube, ihm ist klar, dass ich heute mit Liebe und Vorsicht zu behandeln bin.

Kurz darauf fahren wir los. Die kleine Tasche mit meinen Unterlagen sowie dem Nachthemd, den Hausschuhen und sicherheitshalber einigen Schokoriegeln haben wir im Kofferraum verstaut. An meiner linken Hand blitzen mein Verlobungs- und Ehering, die ich als Talismane für unverzichtbar halte.

An einem Samstag ist um diese Uhrzeit selbst in der Millionenstadt München noch nicht viel Verkehr und wir kommen zügig durch. Um Viertel nach acht parken wir das Auto und gehen die Stufen hinauf in die Praxis. Als wir am Empfang ankommen, spüre ich, dass jede Stufe eine eigene kleine Hürde war. Eigentlich habe ich überhaupt keine Lust, mich der nun anstehenden Prozedur auszusetzen. Aber es ist doch für einen guten Zweck, macht mir das Engelchen Mut.

Wir melden uns am Empfang und eine mir bis dato unbekannte, aber sehr freundliche Schwester weist mir ein Zimmer am Ende des Ganges zu. Ich betrete das freundlich wirkende Zimmer und es stört mich nicht besonders, dass zwei Betten darin stehen. Vermutlich ist sowieso jede hier anwesende Frau so sehr in Gedanken, dass es unerheblich ist, ob man allein im Zimmer ist oder nicht. Ich entscheide mich für das Bett auf der linken Zimmerseite. Die nette Schwester bittet Andi sodann, ihr in den angegliederten Teil der Klinik zu folgen, wo er eine Spermaprobe abgeben soll.

Ich ziehe mich um und lege mich, wie von der Schwester angewiesen, ins Bett. Meine Unterlagen liegen auf dem Nachttisch neben mir griffbereit und von nun an warte ich auf den Besuch des Anästhesie-Arztes, damit auch dieser Teil der Punktion besprochen werden kann.

Kurz darauf erscheint eine groß gewachsene, dunkelhaarige Frau mit offenem, fröhlichem Gesicht. Eine vom Typ Reiterin, ermutigt mich das Engelchen. Die magst du doch sowieso am liebsten.

Die Anästhesistin geht mit mir Größe und Gewicht, Vorerkrankungen und vorherige Erfahrung mit Betäubungen bei Operationen durch. Ich habe das auch alles schon im Vorfeld im Fragebogen festgehalten und ich kann sehen, dass sie diesen auch ganz oben auf ihrem Klemmbrett befestigt hat. In meinem Fall ist es ein verhältnismäßig kurzes Gespräch, denn ich hatte schon einige Operationen unter Vollnarkose und bisher ist es nie zu Komplikationen gekommen. Auch die nette Ärztin scheint das so zu sehen und beendet das Gespräch zügig. »Wir sehen uns dann gleich zur Punktion«, ruft sie mir noch ermutigend von der Tür aus zu.

Eine knappe Stunde später werde ich von der Schwester aus dem Zimmer gefahren. Sie schiebt mich den Gang hinunter zum OP-Bereich. Vor mir kann ich ein weiteres Bett sehen, das leer ist. Direkt dahinter befindet sich eine Tür und ich vermute, dass dort die Eizellpunktionen stattfinden. Es dauert nicht lange und eben diese Tür öffnet sich. Ich sehe zwei Schwestern, die eine Patientin zurück zum Bett begleiten und ihr helfen, sich dort hineinzulegen. Ha, als Nächstes bist jetzt wohl du an der Reihe, lacht das Teufelchen und ich lobe es für eine unfassbar klare Analytik.

»So. Ich muss Ihnen einige Fragen stellen«, werde ich von der anderen Seite meines Bettes angesprochen. Als ich mich umdrehe, sehe ich eine der beiden Schwestern, die eben die Patientin vor mir aus dem OP-Raum herausbegleitet hat.

»Ja, bitte?«

»Wie heißen Sie?«

»Franziska Ferber.«

»Gut. Zum Abgleich: Wann sind Sie geboren?« Auch das beantworte ich zur Zufriedenheit der Schwester und sie lächelt mir zu und sagt: »Na, dann kann es ja losgehen. Es ist ihre erste Punktion, nicht wahr?«

»Ja.«

»Machen Sie sich keine Sorgen. Wir gehen gleich gemeinsam durch die Tür in den OP-Raum und dort dürfen Sie auf dem gynäkologischen Stuhl Platz nehmen. Der Arzt wartet dort und die Anästhesistin, die Sie ja schon getroffen haben, wird ebenfalls dort sein. Dann dürfen Sie kurz schlafen und wenn Sie wieder wach sind, haben Sie schon alles überstanden. Dann bringen wir Sie wieder aufs Zimmer.«

»Mhm. Okay«, sage ich.

»Ach, ich sehe, Sie tragen ja noch Ihre Ringe. Das geht aber nicht. Sie müssen sie aus Sicherheitsgründen ablegen. Ziehen Sie sie aus; Sie können sie hier unter Ihrem Kopfkissen ablegen. Da kommen sie sicher nicht weg.«

Schweren Herzens folge ich ihrer Anweisung und deponiere die Ringe unter meinem Kissen. Innerlich schicke ich noch einen Wunsch zum Universum, dass diese Ringe bitte nicht verloren gehen; das würde ich nicht ertragen.

Dann geht es los und ich muss mich auf den Weg in den OP machen. Wenigstens ist es vom Ablauf her genauso, wie die Schwester gesagt hat, spreche ich mir selbst Mut zu, während ich durch die Tür gehe und auf den Untersuchungsstuhl klettere.

»So, Frau Ferber. Dann wollen wir Sie mal schön schlafen legen«, sagt die Anästhesistin zu mir. Ich blicke hoch zur Uhr, die an der Wand hängt. Es ist neun Uhr fünfzig und meine Eizellen, die ich nun wochenlang gehegt und gepflegt habe, werden gleich punktiert.

Möge alles gut gehen, wünsche ich mir innerlich mit voller Inbrunst, während die Anästhesistin mir die Glocke überstülpt und ich schneller als gedacht wegdämmere.

Als ich wieder aufwache, merke ich erst einmal gar nichts. Die Schwestern begleiten mich zum Bett zurück und ich bin froh, als ich darin liege. Als Erstes fühle ich unter dem Kopfkissen nach, ob meine Ringe noch da sind. Puh, was für eine Beruhigung – sie sind noch da, denke ich und ziehe sie heraus.

»Ist denn alles gut gelaufen, Schwester?«, frage ich.

»Ja, das ist es. Ich bringe Sie jetzt zurück auf Ihr Zimmer. Dort müssen Sie ungefähr zwei Stunden bleiben. Wenn es Ihnen dann gut geht, darf Ihr Mann Sie abholen und mit nach Hause nehmen. Vorher kommt aber noch einmal der Herr Doktor und berichtet Ihnen, wie viele Eizellen entnommen werden konnten.«

»Können Sie das nicht jetzt schon für mich in Erfahrung bringen?«, bitte ich sie und hoffe, dass ich eine Ausnahme bekomme.

»Nein. Das tut mir sehr leid, aber das kann ich nicht. Der Doktor punktiert ja bereits die nächste Patientin. In zwei Stunden wissen Sie mehr. Entspannen Sie sich ein wenig. Wenn Sie Schmerzen bekommen, klingeln Sie, dann gebe ich Ihnen ein Schmerzmittel.«

Während sie das so sagt und ich für mich die dringlichsten Themen erfragt habe, merke ich, dass ich in der Tat ziemliches Bauchweh habe. Irgendein Tuch scheinen sie mir auch noch auf Höhe des Pos untergeschoben zu haben. Aber vor allem merke ich, dass mein Bauch zieht wie bei einer heftigen Blasenentzündung und sich insgesamt doch ziemlich wund anfühlt. Es sind keine Schmerzen, die einen in den Wahnsinn treiben können, aber sie sind da und sie fühlen sich wirklich nicht besonders gut an. Aber es ist für das Baby, flüstert das Engelchen und ich weiß, dass es recht hat.

Als die Schwester noch einmal kurz vorbeischaut und mir einen Pfefferminztee bringt, bitte ich sie, mir ein Schmerzmittel zu geben. Beruhigt, dass alles gut gegangen zu sein scheint, schlucke ich die Pille und spüle sie mit Pfefferminztee herunter. Als ich mich im Kopfkissen zurücklehne, dämmere ich langsam weg und schlafe ein.

»Frau Ferber?«, höre ich eine Stimme und gleich darauf Schritte im Zimmer. Als ich die Augen öffne, erkenne ich den diensthabenden Arzt, den ich vorhin schon im OP gesehen habe. »Ich habe bei Ihnen vorhin die Punktion durchgeführt. Ich kann Sie wissen lassen, dass es zwölf Eizellen waren, die wir punktieren konnten.«

»Zwölf!«, staune ich. »Und sind es schöne Eizellen – also medizinisch gesehen?«, frage ich nach.

»Drei sind nicht reif, aber die anderen neun sehen sehr gut aus. Das heißt, dass wir nun mit diesen neun Eizellen die intrazytoplasmatische Spermieninjektion, also die ICSI, durchführen werden. Wir werden also das Sperma, das Ihr Mann heute Morgen hier abgegeben hat, in die Eizellen einstechen.«

»Und dann?«

»Morgen Vormittag können Sie im Labor anrufen und dann erfahren Sie, ob die Befruchtungsversuche erfolgreich waren.«

»Und bis dahin? Kann man jetzt wirklich nichts sagen, keine Prognosen stellen?«

»Ja, Frau Ferber, so ist es leider. Es tut mir leid, aber bis dahin können Sie nichts mehr tun. Sie müssen sich jetzt erholen und, wenn Sie gleich von Ihrem Mann nach Hause gebracht werden, auch schonen. Versuchen Sie wirklich viel zu trinken und zu schlafen. Und morgen Vormittag wissen wir dann mehr«, sagt der Arzt und lächelt mich freundlich an. »Alles Gute für Sie!«, ruft er mir von der Tür aus zu, bevor er zur nächsten Patientin geht.

Andi bringt mich nach Hause und ich habe schon im Auto Schwierigkeiten, aufrecht zu sitzen. Als er durch die vorletzte Straße fährt, die uns zu unserem Heim bringt, merke ich jede Unebenheit in der Straße und habe Schmerzen und ein leichtes Unwohlsein. Nicht mehr und nicht weniger. Als ich endlich im Wohnzimmer auf dem Sofa liege, merke ich, wie anstrengend auch eine noch so kurze Anästhesie ist. Bald schlafe ich ein.

Ein paar Stunden später weckt mich Andi liebevoll auf, indem er mir über den Kopf streichelt. Er hat mir einen Tee gekocht. Und in der anderen Hand sehe ich ein Überraschungsei.

»Überraschungen wollen wir natürlich nur Gute haben«, grinst er lausbubenhaft und reicht mir mit einer huldvollen Geste das Ei. Ich muss grinsen und schüttele es. Ich bin sicher, dass etwas zum Basteln darin liegt, und das finde ich gut, die fertigen Figuren mag ich nicht so gern. Und ich habe recht. Während Andi und ich das aufziehbare kleine, rote Fortbewegungsgerät zusammenbauen, sehe ich, dass vor dem Fenster die Sonne scheint.

Ich werte das als gutes Zeichen – für mich, für uns und für die kleinen Eizellen, die in der Kinderwunschklinik mit Andis Sperma angestochen wurden und sich nun – bitte! – befruchten und zu teilen beginnen sollen.

Meine Eizellen sind
so weit weg

»Liebling, wie geht es dir?«, fragt mich Andi, nachdem wir jetzt schon einige Stunden zu Hause sind, die ich auf dem Sofa liegend mit einer roten Wärmflasche auf dem Bauch verbracht habe.

»Es ist so schwer zu beschreiben, was ich für Gedanken habe. Mein Bauch ziept und ich merke, dass hier heute etwas Größeres passiert ist. Aber das halte ich aus. Das ist nicht das Problem. Aber meine Gedanken fahren mit mir Karussell. Ich weiß nicht, ob du als Mann das nachvollziehen kannst. Aber die letzten Wochen habe ich alles dafür getan, dass diese Eizellchen in mir gut heranwachsen. Und jetzt sind sie nicht mehr da – und ich kann nicht für sie sorgen. Sie sind jetzt in der Klinik in einem Brutkasten – und ich bin so weit weg. Irgendwie ist ein Teil von mir auch dort. Ich kann nichts tun, außer hier zu liegen und zu hoffen und zu versuchen, alle Energien aus dem Universum dorthin zu schicken, damit sie auch ohne mich Kraft haben und sich teilen.«

»Hmm«, sagt Andi und ich sehe, dass er versucht, diesen Gedanken zu greifen. Vielleicht mute ich ihm zu viel zu, überfordere ihn? Kein Mann kann, so denke ich weiter, nachvollziehen, wie es ist, eine Frau in einer Kinderwunschbehandlung zu sein. Sie stecken einfach nicht in unserem Körper. Ich habe die letzten Wochen damit verbracht, meine gesamte Energie und Kraft in meinen Unterleib zu leiten, damit sich dort alles gut entwickelt.

Es gibt aber auch diesen wunderbaren Spruch: »Energie folgt der Aufmerksamkeit«, also geht die Kraft dorthin, worauf man seinen Fokus richtet. Der lag nun zweifellos die letzten Wochen auf meiner Körpermitte. Und weil das so war und ist, bemerke ich natürlich auch die kleinsten Veränderungen. Mein inneres Analysetool ist quasi darauf ausgerichtet, alles wahrzunehmen, was dort vor sich geht. Mein gesamtes Sein fand im Bauch statt und jede Entwicklung – von ziependen Brüsten über einen geschwollenen Unterbauch – löste eine Meldung im Gehirn aus, das dann auch nichts Besseres zu tun hatte, als diese Meldung in allen Facetten und mit allem vorhandenen Wissen zu analysieren und ihre jeweilige Bedeutung für unser Ziel, unser Wunschkind, zu erheben. Teilweise macht einen das verrückt. Und es ist anstrengend – sehr anstrengend und ermüdend.

Nun bin ich zu Hause – und meine Eizellen sind einige Kilometer weit weg. Das fühlt sich an, als hätte ich sie verlassen. Sie sind nicht bei mir und ich habe ihr Schicksal nicht in der Hand. Dass ich nichts mehr für sie tun kann, macht mich hilflos und traurig – und die Gedanken bewegen sich zwischen den Wolkentürmen in meinem Kopf auf der Suche nach jedem noch so kleinen, kraftgebenden Sonnenstrahl.

Befruchtet oder nicht befruchtet?

Die ganze Nacht habe ich kaum geschlafen, weil ich in Gedanken bei den neun Eizellen war. Ich habe versucht, ihnen über die Distanz Kraft und Mut zuzusprechen, und ich habe doch eine ganz gehörige Zeit damit verbracht, ihnen zu erzählen, wie dankbar ich wäre, wenn sie sich befruchten ließen, und wie herzlich ich sie begrüßen würde, wenn sie den Weg zu mir zurückfänden.

Am Sonntag wache ich auf und bin immer noch in Gedanken in der Kinderwunschpraxis. Mich interessiert außer der Frage, wie es den Eizellen geht, rein gar nichts. Alle Aufmunterungsversuche von Andi gehen, höchstens mit einem kleinen Lächeln von mir beantwortet, direkt ins Leere.

An diesem Sonntag findet eine große Veranstaltung statt, an der Andi aus beruflichen Gründen teilnehmen muss.

»Vielleicht ist es gut, wenn du da hingehst und ich hier etwas Zeit für mich habe«, ermutige ich ihn. Er geht dann auch sofort los zu seinem Kleiderschrank und sucht seine Kleidung heraus. »Wenn ich nachher in der Klinik angerufen habe, komme ich nach«, sage ich noch zu ihm und er nickt verständnisvoll. Ach, Andi ist einfach toll, staunt das Engelchen in meinem Kopf. Er ist rührend zu dir und geht so liebevoll mit dir um. Dafür kannst du wirklich dankbar sein. Ich stimme dem Engelchen zu, verziehe mich wieder auf das Sofa und starre auf die Uhr.

Noch zwei Stunden und einunddreißig Minuten, bis ich in der Praxis anrufen kann. Die Zeit scheint nicht zu vergehen und ich merke, dass ich sehr unruhig bin. Andi hat das Haus verlassen und ist auf dem Weg zu der Veranstaltung.

Als es noch zwei Stunden und sieben Minuten sind, bis ich den Anruf der Anrufe tätigen kann, beschließe ich, duschen zu gehen und mich ebenfalls auf den Weg zu der Veranstaltung zu machen. Ich kann ja auch von dort aus anrufen. Die Ärzte haben mir geraten, mich zu schonen. Aber was daran so anstrengend sein soll, Rednern auf der Bühne zuzuhören, will mir nicht einleuchten. Ein bisschen Ablenkung tut dir gut, ermutigt mich das Engelchen.

Ich wähle meine Kleidung vielleicht sogar mit mehr Sorgfalt aus als sonst. Mein Blazer ist besonders schön mit seinen angesetzten Taschen und den hübschen Knöpfen. Schmal und kurz geschnitten ist er und für einen Moment vergesse ich, dass ich mich ablenken will. Ich bin für einen kurzen Augenblick tatsächlich nur bei meinem Blazer, in dem ich schon so viele schöne Momente erlebt habe, und freue mich über einen Anlass, ihn anzuziehen. Dazu wähle ich meine schicken schwarzen Jeans, die super sitzen, und ein dunkelgrünes Seidentuch, das, wie ich finde, gerade die richtige Mischung aus Eleganz und Lässigkeit besitzt. Ich blicke in den Spiegel und finde zwar, dass ich doch recht blass bin – aber ich fühle mich tatsächlich vorzeigbar. Andi wird sich freuen, denke ich und gehe zum Auto.

Zwanzig Minuten später bin ich auf dem Veranstaltungsgelände. Ein großes weißes Festzelt ist aufgebaut worden und ich habe – wie meistens – Glück und finde wider jede Wahrscheinlichkeit einen Parkplatz ganz in der Nähe des Haupteingangs. Wahrscheinlich hat dort zuvor einer der Organisatoren geparkt, der nun, da alles läuft, schon wieder auf dem Heimweg ist, denke ich noch.

Als ich auf die Uhr schaue, schlucke ich. Denn es ist neun Uhr fünfzig und das bedeutet, dass ich in zehn Minuten in der Praxis anrufen darf, kann und muss. Damit habe ich nicht gerechnet. Aber ich bin eben einfach nicht ich selbst – sonst wäre mir bei meiner präzisen Zeitplanung, die mich sonst auszeichnet, aufgefallen, dass es so kommen würde. Also bleibe ich im Auto sitzen, starre zehn Minuten lang auf die digitale Zeitanzeige im Cockpit meines Autos und zähle die Minuten herunter. Neun Uhr siebenundfünfzig. Neun Uhr achtundfünfzig. Neun Uhr neunundfünfzig. Zehn Uhr! Ich habe einen Kloß im Hals. Einen sehr, sehr großen Kloß, als ich mein Handy in die Hand nehme, es entsperre und die lange, zuvor eingespeicherte Nummer für die »Befruchtungshotline« anwähle.

Die Nummer heißt natürlich nicht so, aber ich finde es eine passende Bezeichnung. Es ist eine Sondernummer nur für die Patientinnen, die nach einer Punktion am Folgetag anrufen dürfen, um zu erfahren, ob sich die Eizellen haben befruchten lassen und sich geteilt haben.

»Kinderwunschpraxis, guten Morgen!«, schallt es mir entgegen.

»Ja, äh, grüß Gott. Hier Franziska Ferber. Ich hatte gestern die Punktion und darf anrufen, um zu erfahren, wie es den Eizellen geht?«

»Ah. Ja. Einen Moment«, höre ich die Schwester sagen. Im Hintergrund klackert ihre Tastatur. »Oh, Frau Ferber, das tut mir leid«, dringt es an mein Ohr und mir wird ganz schlecht.

»Wie? Was tut Ihnen leid?«

»Keine Eizelle hat sich befruchten lassen.«

»Das ist doch nicht Ihr Ernst! Ich hatte zwölf; okay – drei unreife. Aber da bleiben doch noch neun übrig. Haben Sie wirklich alle angesehen? Wenigstens eine wird doch wohl ...« Mir versagt die Stimme.

»Ja. Ich weiß. Es tut mir leid. Aber keine der neun reifen Eizellen ist befruchtet worden.«

»O nein«, flüstere ich noch, bevor mir kurz schwarz vor Augen wird. Ich kann kaum noch atmen, der Kloß im Hals ist größer geworden und im gleichen Moment merke ich, wie mir die Tränen aus den Augen schießen.

Da sitze ich in meinem Auto auf dem Parkplatz des großen Festzelts, wild entschlossen, da gleich mit guten Nachrichten zu Andi hineinzugehen ... und jetzt das.

Ich weine. Mir ist schlecht. Ich bin allein im Auto und fühle mich allein auf der ganzen Welt, verlassen von allem und jedem. Einsam und traurig.

Ich bin ein Fluchtmensch. Wenn ich nicht mehr kann, wenn es mir zu viel oder zu eng wird, dann muss ich fort aus der Situation. So auch jetzt.

Ich drehe den Zündschlüssel um, lege den Rückwärtsgang ein und stoße zurück aus der Parklücke, die mich vor ein paar Minuten noch so gefreut hat. Ich bin eine geübte Autofahrerin und so geht meine Flucht ziemlich schnell. In zwei Wendemanövern habe ich das Auto gedreht und fahre vom Platz – weg vom Bahndamm, weg vom Festzelt und ich fühle mich, als würde ich weg von der Welt fahren, die mir ein so hartes Schicksal beschert und mir den Traum vom Wunschkind zum Albtraum macht.

Als ich vielleicht zwei Kilometer gefahren bin, bahnt sich der Schock über die Nachricht gänzlich seinen Weg in mein Bewusstsein. Er erfasst mich in jeder Faser meiner Seele. Ich schaffe es gerade noch, die nächste Einfahrt zu einem Haus zu erwischen und abzubiegen. Dort bringe ich das Auto zum Stehen, während ich so sehr weine, dass mein ganzer Körper krampft. Andi! Ich muss Andi anrufen, denke ich und es ist gleichzeitig ein Versuch, mich selbst zu retten.

Ich weiß, dass Andi der einzige Mensch auf dieser Welt ist, mit dem ich jetzt sprechen möchte, und gleichzeitig der einzige Mensch, der jetzt einen Zugang zu mir finden kann.

Durch die Tränen hindurch nehme ich mein Handy in die Hand und drücke die Kurzwahltaste. Es läutet. Einmal. Zweimal. Dreimal. Dann höre ich die vertraute Stimme. »Spatzl?«, fragt er.

»Ich ...«, schniefe ich und werde schon wieder von der nächsten Tränenwelle geschüttelt. »Ich ... ich habe angerufen. Nichts. Gar nichts. Keine einzige Eizelle!«

»O nein!«

»Keine einzige.«

»Liebling ... das ist ja furchtbar«, höre ich Andi sagen und merke, dass auch er völlig benommen ist. Damit haben wir beide wirklich nicht gerechnet. Wir waren auf alles vorbereitet, wie wir dachten. Wir haben damit gerechnet, dass die Stimulation Probleme machen könnte, dass sich eine Eizelle nicht einnistet, dass es eine Fehlgeburt geben könnte ... aber dass wir trotz der medizinischen Unterstützung keinerlei Befruchtung erreichen würden, das schien uns undenkbar. Nun ist genau dieser Fall eingetreten. Und es tut uns sehr weh.

Eigentlich sind wir so positive Menschen. Und wir sind beide mit dem Satz aufgewachsen: »Wenn du dich genug anstrengst, kannst du alles schaffen.« Und jetzt, in diesem Moment, lernen wir, die wir sonst vom Schicksal im Leben so oft begünstigt waren und auf der Sonnenseite standen, dass dem nicht so ist. Nicht mehr – wir stehen nicht mehr in der Sonne, sondern im kalten dunklen Schatten unserer Hoffnung und Sehnsucht.

»Wo bist du?«, fragt mich Andi.

»Ich hatte mich auf den Weg zum Festzelt gemacht. Ich wollte bei dir sein. Ich habe den Lieblingsblazer an. Und den perfekten Parkplatz hatte ich auch noch. Und dann war es zehn Uhr und ich dachte, ich rufe noch in der Klinik an, bevor ich zu dir ins Zelt komme. Und jetzt ... jetzt bin ich wieder gefahren. Ich hab's gerade noch zu so einer Hauseinfahrt geschafft.«

»Soll ich kommen?«

»Nein, lass. Ich komm schon klar.« Und wieder laufen die Tränen. Aber ich muss jetzt wirklich allein sein. Ein paar Stunden für mich. Wenn Andi später nach Hause kommt, kann ich mich besser fallen lassen.

»Wirklich?«, fragt er besorgt und nachdrücklich.

»Ja, wirklich. Es geht schon wieder. Glaube ich jedenfalls.«

»Okay. Dann warte aber noch fünf Minuten, bevor du wieder losfährst. Ich bleibe hier, bis die Reden vorbei sind, und dann komme ich zu dir und nehme dich fest in den Arm. Spatzl ... du weißt, wir sind gemeinsam stark. Du bist nicht allein. Ja?! Weißt du das?«

»Hmmm. Ja.«

»Ich liebe dich. Ich bin da für dich«, höre ich ihn noch sagen, bevor ich auflege und kurz darauf nach Hause fahre. Wie ich das geschafft habe, weiß ich nicht mehr.

Wieso ich?

Ich muss mir eingestehen, dass mich das Telefonat am Sonntag, bei dem ich erfahren habe, dass die ganzen Mühen und auch das Aushalten der Überstimulation völlig umsonst waren, doch weit stärker mitgenommen hat, als ich zunächst dachte. Die nächste Woche ist grauenvoll, ich kann mich kaum auf etwas konzentrieren. Zu tief sitzt der Schmerz über das traurige Ende der Eizellen: meiner neun Eizellen.

Den letzten Sonntag haben wir zusammen verbracht, Arm in Arm. Die Nähe des anderen zu spüren, schien der einzige Weg, wie wir uns gegenseitig trösten konnten. Zu reden gab es nicht viel – die Fakten waren so eindeutig und klar, dass wir gar nicht erst den Versuch unternahmen, diese zu interpretieren. Es sah so gut aus – und es hat nicht geklappt. Weshalb das so ist, wissen wir nicht. Das ist die harte Wahrheit.

Nicht nur ich muss einen Weg finden, mit dem Ergebnis unseres ersten ICSI-Versuches umzugehen, sondern auch Andi. Auch er hat gehofft, dass wir auf dem Weg zum Wunschbaby wären. Auch er hatte Ängste, Sorgen und Unsicherheiten – wenngleich er mir damit doch den Vortritt gelassen und sich selbst stets zurückgenommen hat. Aber in einer Kinderwunschbehandlung sind beide Partner Betroffene mit eigenen Wünschen, Sorgen, Hoffnungen und Sehnsüchten – auch wenn das Hauptaugenmerk zunächst auf die Frau gerichtet ist.

»Im ersten Moment war ich so unfassbar verzweifelt und enttäuscht. Ohne Hoffnung. Und ohne jede Kraftreserve, um mich selbst wieder aufzurichten.«

Es ist Sonntagnachmittag, genau eine Woche nach dem niederschmetternden Ergebnis. Eine Woche nach dem Sonntag, an dem ich hören musste, das es nicht geklappt hat, dass keine einzige meiner neun Eizellen sich hat befruchten lassen. Ich muss verstehen und akzeptieren, dass der Weg innerhalb dieses Behandlungszyklus jetzt schon vorbei ist. Wir sitzen auf unserem Sofa und ich lehne mich an Andi.

»Ich hatte mir so gewünscht, dass wir nicht schon jetzt aus dem Rennen ausscheiden! Ich hatte so gehofft und gebetet, dass wir Schritt für Schritt die Phasen des Kinderwunsches gut durchlaufen können. Und jetzt das: Wir haben nicht mal die erste Runde im Vierzig-Wochen-Schwangerschaftsrennen geschafft. Schlimmer noch: Ich bin gar nicht erst über den Befruchtungsversuch hinausgekommen. Wir haben nicht einmal befruchtete Eizellen einfrieren können – geschweige denn, dass mir welche eingesetzt werden konnten. Ich finde das heftig! Wieso? Wieso wir?«

Ich rede mich warm und merke, wie gut es mir tut, all das, was mich die letzte Woche so beschäftigt hat, laut auszusprechen. Die letzten Tage war ich dazu nicht fähig. Ich habe mich stumm und sprachlos gefühlt.

»Und jetzt fühlt es sich so an, dass ich einfach nicht verstehe, wieso wir es so schwer haben sollen, ein Kind zu bekommen. Ich weiß, das klingt böse, aber Gott und die Welt werden ungewollt schwanger – und wir müssen so dafür kämpfen. Und haben dann bei allem Einsatz nicht einmal einen klitzekleinen Erfolg. Ich verstehe das einfach nicht. Ich finde das gemein, ungerecht und nicht fair!«, rege ich mich auf, nachdem jetzt die Sprachlosigkeit der letzten sieben Tage von mir abgefallen ist. Gleichzeitig merke ich, dass ich mich vor allem über meine Ohnmacht aufrege und dass nun durchbricht, was ich bisher zu unterdrücken versucht habe.

Ich merke, wie sehr mich das schwarze Monster der Hoffnungslosigkeit in Besitz nimmt. Mir tut jede Faser des Körpers weh. Aber nicht, weil sie körperlich beansprucht worden wäre in der letzten Woche – nein, es ist ein tiefer Seelenschmerz, so tief, dass er selbst noch den letzten Nervenstrang in meinem Körper zu erreichen scheint. Vielleicht wird das alles verstärkt durch die Hormone, die ich über Wochen nehmen musste, und wird nun noch geschärft durch den Fehlversuch und die Überstimulation und das Gefühl, eine große Ungerechtigkeit aushalten zu müssen bei gleichzeitiger Verdammung zum Nichtstun.

Aber das ändert alles nichts – mir tut wirklich der ganze Körper weh. Jede Faser. Es fühlt sich an wie ein starker Muskelkater, gepaart mit völliger Übermüdung. Woher ich die Kraft zum Weiterleben nehmen soll, weiß ich nicht. Im Moment hätte ich nicht einmal die Kraft, aufzustehen und mir einen Tee zu kochen.

Herbst, Advent, Weihnachten

Irgendwie geht es weiter. Ich bin glücklicherweise niemand, der allzu lange ausharren kann. Für mich ist es wichtig, dass ich in Bewegung und im Fluss der Dinge bin. Was bei Reisen im Flugzeug und in der Oper oder dem Theater mit mehr als einer Stunde Dauer tatsächlich manchmal schwierig für mich ist, ist hier hilfreich: Weil ich ein Mensch bin, der weiterzieht, schaffe ich es auch in der Trauer um den missglückten ersten ICSI-Versuch nach einer Weile des »Wundenleckens« und des Haderns, mich selbst am Schlafittchen zu packen und aus dem Sumpf der Traurigkeit wieder herauszuziehen. Der erste Versuch fand im Frühherbst statt – und die Jahreszeiten schreiten voran.

Aus dem Frühherbst wird der Herbst und mit dem Einsetzen des Frühnebels bei gleichzeitiger Blätterfärbung, die durchaus schon Ähnlichkeit mit dem Indian Summer hat, beginnt meine Seelenjahreszeit. Ich bin kein Mensch, der sich bei Hitze wohlfühlt – ich bin in der Seele ein Gummistiefelkind. Glücklich bin ich, wenn ich eingemummelt in einen warmen Wollpullover und einen gemütlichen Schal in Gummistiefeln über Acker, Wald und Wiesen stapfen kann. Das ist meine Zeit und mein körperliches Wohlbefinden steigt. Ich habe diesen Herbst damit verbracht, meine geschundene Seele und die hormonelle Schieflage in meinem Körper durch lange Spaziergänge (sofern das beruflich möglich war) wieder ins Gleichgewicht zu bringen. Ich merke, wie gut es mir tut, durch die Natur zu laufen und den Gedanken freie Bahn zu lassen.

Beruflich bin ich immer noch stark eingebunden, nachdem ich im November ein neues Projekt übernommen habe. Es ist ein umfangreiches und – nicht nur zeitlich gesehen – aufwendiges Projekt, auch deshalb, weil wir als externe Berater innerhalb des Unternehmens, für das wir arbeiten, recht hoch angesiedelt sind. Glücklicherweise bin ich nicht allein beim Kunden vor Ort in München, sondern mit Kollegen, die ich wirklich sehr schätze und mit denen ich gut und gern zusammenarbeite. Abends kann ich nach Hause fahren. Zwar muss ich einmal durch die ganze Stadt – aber ich darf im eigenen Bett schlafen und, was für mich in dieser Phase noch viel wichtiger ist, Andi sehen. Mit ihm an meiner Seite schaffe ich es, im Job eine gute Leistung zu bringen, weil abends, wenn ich nach Hause komme, Zeit für die Seele da ist. So muss ich, wenn ich einen schlechten Tag habe, nicht gleich vier Tage von Montag bis Donnerstag allein schaffen, wie es sonst in Projekten eher üblich ist, sondern nur einen Tag. Ich bin dankbar für diese Gunst des Schicksals, denn es ist nicht die Norm in einer Unternehmensberatung, dass man vor Ort in der Stadt, in der man auch lebt, ein Projekt hat. Nun hat es sich so gefügt – und für mich ist es ein Geschenk. Ein viel größeres Geschenk übrigens, als es den Menschen, die mich auf dieses Projekt gesetzt haben, vermutlich überhaupt bewusst ist. Denn bis zu diesem Zeitpunkt ist nur meine Familie eingeweiht in unseren Kinderwunsch und niemand sonst.

»Kind, was wünschst du dir denn zu Weihnachten?«, kommt irgendwann die alljährliche Frage von meiner Familie auf mich zu. Innerlich denke ich, dass das Einzige, das ich mir wirklich wünsche – ein Kind –, weder von meiner Familie noch vom Christkind kommen kann. Das lässt mich innerlich fast verzweifeln und zieht mich in Richtung Hoffnungslosigkeit und Trauer. Mir erscheint alles andere so oberflächlich.

Zwischenzeitlich habe ich aber gelernt, mich am sprichwörtlichen Riemen zu reißen. Was bringt es, wenn ich mich diesem Gedankengang hingebe und nur wieder traurig werde? Trotz aller Hoffnungslosigkeit und emotionaler Selbststrangulierung schaffe ich es, doch ein paar kleine Wünsche zu notieren, mit denen ich die Hoffnung verbinde, dass sie mir eine Freude sind – auch wenn sie meine eigentliche Sehnsucht nicht stillen. So kommen auf meine Wunschliste ein großer, weicher, weißer Schal und eine Handvoll Krimis, von denen ich gehört habe, sie seien gut. Mit dem Schal möchte ich mich einmummeln und, wenn ich ehrlich bin, ein Stück weit von der Welt abkoppeln – mit den Krimis will ich für eine gedankliche Auszeit in meinem Kopfkarussell sorgen.

Die Zeit vergeht also und irgendwann ist der wirkliche Winter da. Die Adventszeit geht an mir vorüber, denn zum Jahresende scheinen im Projekt alle zu denken, dass es dieses Mal ganz sicher kein neues Jahr geben wird und deshalb alle Aufgaben noch vor Weihnachten abgeschlossen werden müssen. Vielleicht ist das gerade auch in diesem Jahr gut für mich – so habe ich keine Muße und keine Ruhe. Und auf diese Weise schaffe ich es, dass mein Fühlen und Denken mich nicht in einem dunklen Strudel abwärtsziehen.

Viel zu tun zu haben, erhöht den äußeren Druck – inhaltlich wie zeitlich – und senkt den inneren.

Ich weiß auch gar nicht, ob ich mich darüber freuen soll, dass keine Zeit ist zu leben und damit auch nachzudenken über das, was mich im Herzen bewegt. Oder ob ich es nicht begrüßen soll, dass ich dermaßen gefordert bin, sodass für die Frage »Wie weiter?« keine Zeit ist.

Manchmal halte ich an einem der Adventswochenenden inne und denke dann doch, wie schön es wäre, mehr Zeit zu haben. Zeit, einen Adventskalender zu basteln, Plätzchen zu backen, deren Duft durch unser Zuhause strömt, und in Ruhe Weihnachtsgeschenke für die lieben Menschen um mich herum auszuwählen. Stattdessen fordert die Arbeit mich ganz und gar.

Wenn ich dann endlich zu Hause bin, möchte ich Andi sehen. Zwischendrin steige ich in meine dunkelgrünen, kniehohen Gummistiefel, ziehe mich warm an und laufe durch die mittlerweile winterkarg gewordene Natur. Und schneller als gedacht ist es Weihnachten geworden – und damit beginnen die Ferien. Zehn freie Tage liegen vor Andi und mir.

»Weihnachten«, klingt es in meinen Ohren. Ich hatte eine behütete, traumreiche Kindheit und darf mich selig schätzen, dass ich zwar irgendwann den Glauben an das Christkind verlor, aber dennoch den Zauber des Festes nach wie vor in meiner Seele spüre. Weihnachten klingt für mich immer so hoffnungsvoll, so verheißungsvoll.

In diesem Jahr feiert die Familie zusammen in Norddeutschland bei meinen Eltern. Wir nehmen die vielen Kilometer von Bayern nach Niedersachsen gern auf uns, um zusammenzukommen und den seit Kindheitstagen bestehenden Ritualen zu frönen. Mein Vater und ich ziehen los, um den perfekten Christbaum ausfindig zu machen und zu schlagen. Wenn wir ihn nach Hause bringen, wird er von meiner Mutter in Augenschein genommen und Jahr für Jahr warten wir, ein bisschen aufgeregt, auf ihre Absolution und bestenfalls auch noch den Satz, dass es der schönste Christbaum seit Langem sei.

Ich bin das erste Mal im Leben wirklich froh, dass ich keine Großeltern und keine Großfamilie habe. Zu arg würde mich das Gefühl schmerzen, auch noch mit den Erwartungen dieser Familienmitglieder umgehen zu müssen. Zu sehr würde ich mich unter Anspannung fühlen, wenn ich wüsste, dass Nachfragen zu einer (Nicht-)Schwangerschaft im Raum stünden oder mit spontanen Schwangerschaftsverkündigungen während des Familienfestes umzugehen wäre.

Dieses Jahr erfüllt sich meine Wunschliste, denn meine Schwiegermutter hat mir einen wunderbaren warmen, cremeweißen, doppelt gestrickten Kaschmirschal gefertigt. Sie hat erst vor Kurzem wieder mit dem Stricken begonnen und dies ist ihr vorläufiges Meisterstück. Als ich die Geschichten der Wollbeschaffung höre, bin ich gerührt. Noch gerührter bin ich allerdings, als mir berichtet wird, wie viele Wochen sie an diesem Schal für mich gestrickt hat und dass sie immer wieder ganze Reihen rückgängig machen musste, weil sie einen Fehler in den Maschen entdeckt hatte. Für mich bedeutet der Schal, dass es Hoffnung gibt für meine Wünsche. Dieser Wunsch wurde erhört – andere werden vielleicht folgen.

Manchmal glaube ich an die Magie der Wünsche. Später lerne ich im Coaching den Satz: »Was du denkst, ziehst du an.« Für mich ist es in diesem Jahr im doppelten Sinne so: Ich denke und wünsche mir mein Wunschbaby herbei – und ziehe dazu den Schal an.

Es geht weiter

Irgendwann in diesen Winterferien beschließen Andi und ich, dass es Zeit für einen weiteren Kinderwunschversuch ist. Wir merken, dass wir nach dem ersten Misserfolg die sprichwörtliche Flinte nicht ins Korn werfen wollen, und reden uns zudem ein, dass die Krankenkasse ja drei Versuche bereits genehmigt hat. Wir sind davon überzeugt, dass wir jetzt noch nicht aufgeben wollen, so schwer die letzten Monate des vergangenen Jahres für uns beide auch waren. Zwischenzeitlich haben sich die Hormone in meinem Körper auch wieder so weit eingependelt, dass ich zumindest weitgehend das Gefühl habe, auch wieder halbwegs Herrin über mich selbst zu sein.

»Ein neues Jahr bedeutet vielleicht auch neues Glück«, höre ich mich zu Andi sagen.

Er nickt und antwortet: »Ja. Und außerdem: Wahrscheinlich macht es tatsächlich Sinn, dass wir jetzt weitermachen. Du bist noch in München auf dem Projekt – und wer weiß, wohin du danach kommst. Wenn du wieder jede Woche vier Tage irgendwo in Deutschland unterwegs bist, wird es schwierig mit der Kinderwunschbehandlung. Wie soll das dann mit den Spritzen und den Untersuchungen gehen?«

»Ja, du hast recht. Und wie gesagt: Neues Jahr, neues Glück. Ich rufe an und mache einen Termin für den nächsten Zyklus aus. Der beginnt schon recht bald – aber die kennen mich ja jetzt schon. Vielleicht geht es dann leichter zu starten«, erwidere ich hoffnungsvoll.

Gesagt, getan. Kurz darauf findet der nächste Besprechungstermin zur Planung der zweiten ICSI-Behandlung statt.

Dr. Hoffnung möchte fortfahren wie bisher, nur dass die Dosis der Spritzen deutlich verringert wird.

»Schau mal, Andi«, sage ich, als er an diesem Abend nach Hause kommt. »Dr. Hoffnung hat mir nur noch fünfzig Einheiten verordnet. Das finde ich echt gut. Vielleicht geht's mir dann nicht wieder so mies. Ich habe echt ein gutes Gefühl dieses Mal«, freue ich mich weiter. Und als ich Andi ansehe, wie er da so an die Küchenplatte gelehnt steht und dazu sein Brot isst, sehe ich auch in seinen Augen aufkeimende Hoffnung und Zuversicht. Er zwinkert mir zu und sobald er den letzten Bissen heruntergeschluckt hat, höre ich ihn mit seiner warmen Stimme sagen: »Liebling! Alles wird gut.« Ach, wie gern glaube ich ihm!

Bis auf die Überstimulation verläuft dieser zweite ICSI-Zyklus wie der vorherige. Ich beginne mit dem Spray, irgendwann nach den Tagen beginne ich mit den Spritzen, die wir nun schon ganz geübt setzen und die deshalb viel weniger blaue Flecken auf meinem Bauch hervorrufen. Wegen der niedrigeren Dosierung der Spritzeneinheiten ertrage ich auch die Stimulationsphase viel besser und es geht mir eigentlich sogar ganz gut. Bei den Ultraschalluntersuchungen ist Dr. Hoffnung sichtlich zufrieden mit den Ergebnissen und verweist sogar darauf, dass er mit einer vermutlich niedrigeren Eizellenzahl rechnet. Das Engelchen sagt zu mir: Siehst du – Qualität statt Quantität war schon immer eine gute Maxime. Du wirst sehen, es geht alles gut. Über Zuspruch dieser Art freue ich mich – und finde auch keinen Ansatzpunkt, der dem widerspräche. So schließe ich mich diesem Glaubenssatz an und bemerke, wie er mich leichter durch die Phase der Stimulation gehen lässt.

Die zweite Punktion

Irgendwann kommt der Tag der Tage – die Punktion. Auch hier läuft alles genauso ab wie beim ersten Mal und ich habe wieder einmal Glück, dass die Punktion nicht mitten in der Woche, sondern an einem Freitag stattfinden kann. Sich einen Tag krank zu melden, ist kein Problem, für einen Tag brauche ich keine Krankschreibung. So manches Mal hatte ich mir schon vorgestellt, wie es sein würde, wenn die Punktion an einem Dienstag stattfinden müsste. Dann würde ich eine Krankschreibung benötigen – und eine solche ausgestellt von einer Kinderwunschpraxis schien mir nicht die beste Option zu sein. Vorausdenkend, wie ich es nun einmal bin, hatte ich mir hierfür aber auch schon einen Notfallplan zurechtgelegt – aber nun bin ich zufrieden, dass ich ihn nicht in die Realität umsetzen muss.

Ich melde mich also einen Tag mit »Magen-Darm« krank und gehe die bekannten Wege innerhalb der Praxis. Nach dem Eingriff erfahre ich, dass es dieses Mal acht Eizellen sind, die entnommen werden konnten. Ich atme erleichtert auf – immer noch mit dem Mantra »Qualität statt Quantität« in meinem Kopf.

Bei der Entlassungsvisite sagt mir der diensthabende Arzt noch, dass die Eizellen tatsächlich gute qualitative Merkmale aufweisen. Hoffnungsvoll entlässt er mich nach Hause. Dieses Mal bringt Andi mich auch nicht direkt nach Hause, sondern wir gönnen uns noch ein Schnitzel mit Bratkartoffeln in einem unserer Lieblingswirtshäuser. Erst danach geht's aufs Sofa zur Schonung und Erholung.

Am nächsten Morgen bricht um zehn Uhr dann, wie beim letzten Mal, zunächst eine Welt zusammen – jedenfalls so halb. Denn im Telefonat erfahre ich, dass alle acht Eizellen unreif waren. Allerdings erfahre ich auch, dass eine davon – also quasi die achte Eizelle – zwar unreif war, aber über Nacht im Brutkasten nachgereift ist und nun bereits zum zweiten Mal mit Sperma bepikst wurde. Es besteht also noch Anlass zur Hoffnung. Es könnte sein, dass sie sich mit Verzögerung hat befruchten lassen.

Es ist also möglich, dass im Brutschrank gerade unser Wunschbaby entsteht – eingebettet in eine Petrischale, warm gehalten durch die Apparate und gestärkt durch unsere Hoffnung, die von uns beiden sofort Besitz ergreift. Von der netten diensthabenden Schwester werde ich noch gebeten, am nächsten Vormittag erneut anzurufen. Bis dahin könne ich nichts tun außer hoffen. Aber diese Worte höre ich nur noch am Rande. Im Gegensatz zum ersten ICSI-Zyklus ist Anlass zu Hoffnung – und das freut Andi und mich unsagbar. Den restlichen Tag verbringen wir mit Hoffen und innerlichem gutem Zureden zu unserem Eizellchen. Wir zünden eine Kerze an, dass es sich gut entwickeln und teilen möge – und bald seinen Weg zu mir zurückfinden darf.

»Es ist doch wirklich eine paradoxe Situation – alles, was wir tun können, um unser Wunschkind zu bekommen, ist, eine Kerze anzuzünden und zu hoffen«, flüstere ich Andi zu und blicke dabei auf die flackernden Schatten, die sich auf der weißen Wand abzeichnen. Und während ich das sage, meine ich im Schattenspiel ein kleines Kindchen sehen zu können. Aber ich will nicht, dass Andi denkt, ich würde langsam wunderlich. Deshalb erzähle ich ihm nichts davon.

Am nächsten Morgen bin ich bis in die letzte Zelle meines Körpers aufgeregt und unruhig. Könnte es sein, dass das Eizellchen sich geteilt hat? Könnte es sein, dass unser Wunschkind heranwächst? Könnte es sein, dass es geklappt hat? Ich hoffe es so sehr und schwanke zwischen Hoffen und Bangen. Ich tigere auf und ab in der Wohnung und blicke viel zu oft auf die Uhr. Es ist Montagmorgen und Andi musste ins Büro, weil ein wichtiger Termin anstand. So bin ich allein zu Hause geblieben und das macht es nicht besser. Denn niemand bremst mich in meinen Wegen aus und weist mich darauf hin, dass es durch das viele Auf und Ab und Hin und Her auch nicht leichter wird. Im Büro habe ich mich noch mal krank gemeldet. Nun bin ich bereit für die Nachrichten, die mich am Telefon erreichen sollen.

Eine Weile später rufe ich in der Praxis an. Und ich erfahre, dass das Eizellchen sich nicht weiter geteilt hat. Unser Weg ist in diesem Zyklus hiermit zu Ende. Wie beim letzten Mal. Nur dass es dieses Mal noch die Achterbahnfahrt der zweiten Hoffnungswelle gab.

Als ich Andi im Büro und zum Glück noch gerade vor seinem Termin erreiche, sage ich nur: »Es ist vorbei. Schluss, aus – vorbei. Nicht geteilt. Vorbei.«

An Andis Stimme merke ich, wie traurig auch er ist. Als wir uns abends nach einem Tag wiedersehen, von dem ich nicht weiß, wie er vorübergegangen ist, nehmen wir uns schweigend in den Arm und halten uns fest. Wir suchen die Nähe zueinander.

Irgendwann müssen wir auch meine Familie und Andis Eltern informieren, dass es wieder nicht geklappt hat. In dem Telefonat merke ich, dass Andi und ich mit unserer Trauer um diese Chance nicht allein sind. Die Familie steht zusammen – aber Trost finden muss jeder für sich allein.

Weiter und immer weiter

Die Wochen vergehen und ich übe mich etwas im Fatalismus. »Es soll halt nicht sein«, sage ich zu Andi und merke gleichzeitig, dass ich mir selbst nicht so recht glaube. Ich kenne mich gut genug, um zu wissen, dass ich nur versuche, meine Erwartungen herunterzuschrauben, um die Enttäuschung zu drosseln.

»Es geht immer weiter – es muss ja weitergehen«, wird der Satz, den ich mit dem Engelchen und dem Teufelchen vereinbart habe. Die beiden sitzen jeweils auf einer meiner Schultern, nur durch meinen Kopf voneinander getrennt. Dieser Satz begleitet mich durch die nächsten Wochen des Januars. Dann beginnt der Februar und unser Verlobungstag kommt. Trotz allem versuchen wir, ihn mit Freude zu begehen – aber im Herzen von uns beiden herrscht eher Traurigkeit. Wir bemühen uns, Tag für Tag und Woche für Woche zu nehmen und unser Leben zu gestalten.

Der Februar ist dennoch ein kalter, grauer Monat und der Frühling, der Hoffnung spenden könnte, ist noch allzu weit weg. »Metro, boulot, dodo«, nennen die Franzosen das, was wir in diesen Wochen tun: arbeiten und schlafen und den Weg dazwischen bewältigen. Obwohl es früh dunkel wird, schaffe ich es immerhin, regelmäßig abends noch eine Runde zu laufen.

»Spatzl, muss das wirklich sein, dass du – wenn du schon im Dunkeln laufen gehst – auch noch deine Stirnlampe aufsetzt?«, fragt mich Andi nun schon zum wiederholten Mal.

»Wie soll ich denn sonst sehen, wo ich langlaufe? Auf dem Acker stehen keine Laternen.«

»Fällt dir was auf? Da stehen keine Lampen, weil kein vernünftiger Mensch im Dunkeln allein über den Acker läuft.«

»Pass mal auf: Erstens wohnen wir in einer supersicheren Umgebung. Zweitens kenne ich dort fast jeden Stein. Drittens tut mir das Laufen gerade wirklich gut. Es gibt nicht so viel, von dem ich in meinem Leben gerade sagen kann, dass es gut für mich ist. Beim Laufen kann ich abschalten und auftanken. Also bitte, Andi, hör auf, mir ein schlechtes Gewissen zu machen.«

»Ich habe ja gar nichts dagegen. Tu, was dir guttut! Ich frage nur, ob du dabei wirklich diese Stirnlampe aufsetzen musst, damit auch noch der letzte Bandit genau sehen kann, wo du bist.«

»Die Stirnlampe habe ich von deiner Mutter geschenkt bekommen. Sie versteht, dass man manchmal einfach raus muss ... und dann ja auch seinen Weg finden muss – sogar im übertragenen Sinn.«

»Tu es einfach. Ich will mir nur keine Sorgen um dich machen müssen.«

»Ach, Liebling ... ich gebe auf mich acht, versprochen!«, mache ich Andi Mut, steige in die Laufschuhe und ziehe die himbeerfarbene Softshell-Jacke, die wir für mich in den letzten Ferien gekauft haben, über den Laufpullover. Aus der Schublade hole ich noch die graue Fleecemütze und ziehe sie so weit über den Kopf und in die Stirn hinein, dass gerade noch der untere Rand meiner Augenbrauen herausschaut. Mit einem weiteren Griff nehme ich die viel diskutierte Stirnlampe, die an einem flexiblen, breiten Gummiband befestigt ist, stülpe sie über die Mütze und rücke sie gerade. Mit einem Klick habe ich die Lampe angeschaltet, werfe Andi noch einen Luftkuss zu und bin aus der Tür. Lächelnd schließt er die Tür hinter mir. Er weiß, dass ich in vierzig Minuten wieder zurück sein und dann deutlich besser gelaunt und seelisch aufgeräumter sein werde.

Der absolute
Tiefpunkt der Trauer

Andi und ich haben uns, als wir zusammenzogen, ganz bewusst dafür entschieden, mit Andis Eltern in einer Art Mehrgenerationenhaus zu leben. Verantwortung füreinander und im Miteinander zu leben, sind Werte, die Andi und mir sehr am Herzen liegen.

Wenn meine liebe Familie schon so weit weg von mir wohnt, muss das ja nicht auch für meine Schwiegerfamilie gelten. Bis heute bedaure ich es tief, dass meine Familie viele Hundert Kilometer entfernt wohnt. Wie oft wünsche ich mir, einfach mal schnell auf einen Kaffee oder ein Mittagessen vorbeischauen zu können und am Alltag der anderen teilnehmen zu können.

Am Anfang war ich dennoch unsicher, ob dieses Wohnen unter einem Dach mit Andis Eltern nicht für mich – als so freiheitsliebende und ihre Autarkie lebende Person – zu nah sein könnte. Aber Andis Mutter ist damals noch während der Bauarbeiten auf mich zugekommen und hat genau dieses Thema angesprochen. Nachdem wir einen Kaffee zusammen getrunken hatten, wurde schnell eine Vereinbarung geschlossen, die uns beiden in ihrer Klarheit sehr gutgetan hat. Teil dieser Vereinbarung waren beispielsweise Aspekte wie diese: Besuche nur nach Voranmeldung, keiner betritt die Wohnung des anderen ohne Ankündigung und auch ansonsten führt jeder seinen Haushalt nach dem eigenen Gutdünken. Miteinander erwünscht – Bevormundung ausgeschlossen.

Zu Andis Mutter habe ich schnell eine gute Bindung aufgebaut, weil wir uns im Wesen doch recht ähnlich sind. Immer wieder haben wir gemeinsam einen Kaffee getrunken oder eben zwischendurch telefoniert – obwohl wir beide zu Hause waren, aber wir wollten einfach nicht die eigenen Räume verlassen.

An diesem Abend fällt mir auf einmal ein, dass wir schon ein paar Tage gar nichts mehr voneinander gehört haben, und so zücke ich beim Laufen das Telefon und drücke die Kurzwahltaste. Es klingelt und wider Erwarten hebt Andis Vater ab, der sonst nicht allzu gern telefoniert.

»Hallo, ich bin's«, melde ich mich. Wir plaudern ein bisschen. Irgendwann frage ich, ob meine Schwiegermutter denn auch zu Hause sei und ob ich sie sprechen könne.

»Zu Hause ist sie schon. Aber sie hat sich hingelegt. Sie hat ein Wurstbrot zu Abend gegessen und dann wurde ihr schlecht. Irgendwas scheint sie nicht vertragen zu haben. Sie ist schon ins Bett gegangen. Ruf doch morgen wieder an, dann freut sie sich bestimmt, dich zu hören.«

»Ja, gut, mach ich. Richte ihr doch bitte liebe Grüße und gute Besserung aus.«

»Mach ich. Schönes Laufen. Bis morgen!«, sagt mein Schwiegervater und wir beenden das Telefonat.

Eine gute halbe Stunde später biege ich in unsere Straße ein. Es sind nur circa hundertfünfzig Meter bis zu unserem Zuhause. Und ich sehe es sofort: den Rettungswagen, den Notarztwagen und die drei Feuerwehrautos, die alle kreuz und quer auf der Straße parken und deren Blaulicht die Häuser in ein orange-blaues Licht taucht. Ich fange an zu rennen. Mit einem Griff habe ich den Haustürschlüssel und renne die Stufen hoch. Die Wohnungstür meiner Schwiegereltern steht sperrangelweit offen und von innen höre ich aufgeregte Stimmen.

Mein Schwiegervater kommt mir entgegen und sagt: »Ich bin direkt nach unserem Telefonat ins Schlafzimmer gegangen, um ihr deine Grüße auszurichten. Sie hat sich gefreut. Dann wollte sie ein Glas Wasser haben und als ich es aus der Küche geholt habe, hat sie nicht mehr geantwortet.«

Der Notarzt, die Sanitäter und die Feuerwehrmänner sind alle im Schlafzimmer und ich höre, wie sie laut zählen. Und immer wieder dringen die schrecklichen Worte zu mir durch: »Achtung. Schock. Weg vom Körper.«

Ich kann mir vorstellen, was das heißt. Mein Schwiegervater sagt nur »Herzinfarkt« und seine Stimme bricht. Ich renne vor die Tür und hole mein Handy heraus. Andi ist auf einer wichtigen Veranstaltung; ich hoffe, dass ich ihn trotzdem erreiche.

Es klingelt und klingelt. Die Mailbox antwortet. Ich lege auf und wähle wieder. Es klingelt und klingelt. Die Mailbox antwortet. Wieder lege ich auf und wieder wähle ich seine Handynummer. Und wieder klingelt es. Endlich aber höre ich seine Stimme, leise flüsternd. »Spatzl? Was ist los?«

»Deiner Mutter geht es nicht gut. Du musst sofort nach Hause kommen.«

»Was ist denn?«, höre ich ihn ganz aufgeregt fragen. Ich rufe nie an und störe ihn bei Veranstaltungen. Erst recht habe ich noch nie zuvor angerufen und ihn gebeten, nach Hause zu kommen.

»Andi, du musst wirklich schnell kommen.«

Mein Mann sagt nichts mehr, legt auf und ich weiß, dass er jetzt hektisch seine Unterlagen zusammenpackt und sie in die hübsche braune Aktentasche steckt, die ich ihm letztes Jahr zu Weihnachten geschenkt habe. Dann wird er nach Hause fahren – vermutlich dieses Mal schneller, viel schneller als erlaubt.

Ich gehe wieder in die Wohnung. Noch immer sind überall Ärzte und Sanitäter und noch immer zählen sie und sagen die schrecklichen Warnungen. Zwanzig Minuten später steht Andi, völlig außer Atem, im Raum und geht direkt ins Schlafzimmer seiner Eltern. Er sieht. Er analysiert. Und er kommt wieder ins Wohnzimmer, wo sein Vater und ich stehen.

Er nimmt seinen Vater in den Arm. Dann lehnt er sich zu mir und sagt tonlos: »Es ist vorbei. Das kann doch nichts mehr werden.« Und fängt an zu weinen.

Wir müssen noch einmal eine Viertelstunde warten, bis die Ärzte das Schlafzimmer verlassen und zu uns kommen. Der Notarzt, ein Hüne von einem Mann, geht zu Andi und seinem Vater und sagt: »Es tut mir leid. Wir konnten nichts mehr für sie tun. Es tut mir leid.« Er sagt das auf eine so liebevolle Art, dass wir alle es ihm glauben.

Stunden später, nachdem die Gerichtsmedizinerin und die Polizeibeamten, die, so wird uns mitgeteilt, immer kommen, wenn ein Mensch in relativ jungen Jahren völlig unerwartet verstirbt, endlich wieder gegangen sind, kommen die Bestatter und nehmen Andis Mutter, meine Schwiegermutter, mit sich. Meine Eltern klingele ich mitten in der Nacht aus dem Bett und sage nur: »Wir müssen Rosi beerdigen. Sie ist heute Abend an einem Herzinfarkt gestorben. Die Ärzte konnten nichts mehr tun für sie.« Und ich weine bitterlich.

Die nächsten Tage und Wochen sind wir alle gefangen im Schock und der Fassungslosigkeit. Wir können es nicht fassen, dass sie mit 56 Jahren in der Blüte ihres Lebens einfach so, nachdem ihr doch vermeintlich wegen eines Wurstbrotes übel geworden war, von uns gegangen ist.

Es steht mir nicht zu, denn ich bin ja »nur« die Schwiegertochter. Aber ich bin völlig aufgelöst. Ich habe das Gefühl, dass ich mit dem Tempo der Rückschläge in meinem Leben nicht mehr Schritt halten kann. Der unerfüllte Kinderwunsch und das Leid, das damit einhergeht, sind schon schlimm genug. Nun noch ein so unerwarteter und mir sehr nahegehender Trauerfall – das macht mich fassungslos und überfordert mich vollkommen.

Rosis Schal, den sie für mich gestrickt hat, trage ich wochenlang täglich. Jeden Morgen hülle ich mich in die weiche Wolle und empfinde das als Trost. Irgendwie ist sie doch noch da – nur ihre menschliche Hülle ist von uns gegangen.

Wochen später lese ich den Satz, dass es wohl immer wieder vorkommt, dass ein Mensch gehen muss, damit ein neuer Mensch Platz auf dieser Welt hat. In Andis Familie hatten wir schon einmal einen solchen Fall: Die Großmutter durfte nach viel ertragenem Leid gehen und kurz darauf wurde ein weiterer Enkel geboren.

So traurig wir sind und so sehr uns der Umgang mit dem plötzlichen Tod meiner Schwiegermutter beschäftigt, so sehr hoffen wir von Herzen, dass es sich genau so verhalten wird: Dass sie gehen musste, damit unser Wunschkind auf die Welt kommen kann. Auch wenn Andi und ich und auch viele andere Menschen sie immer wieder vermissen und zu den Wolken aufschauen, weil wir sicher sind, dass sie dort sitzt und uns leitet und begleitet. Manchmal spreche ich mit ihr über unseren unerfüllten Kinderwunsch und stelle mir vor, wie sie mir Mut macht, an unseren Traum zu glauben.

Es klingt paradox, aber diese Zwiegespräche bescheren mir ein wenig Hoffnung und zudem wünsche ich mir sehr, dadurch einen Hauch von Sinn darin zu entdecken, dass sie so plötzlich aus dem Leben gerissen wurde.

Diese Hoffnung ist in einzelnen Momenten das nahezu Einzige, was mir doch wieder etwas Kraft gibt, weiterzumachen – mit unserem Leben und dem Kinderwunschweg.

Tote Babys in der Presse

Die Zeit geht dahin, wir müssen viel organisieren. Auch Andis Vater hat alle Unterstützung verdient, die er bekommen kann, nachdem seine Frau so unerwartet aus dem Leben gegangen ist. Auch er ist geschockt und braucht Wochen und Monate, um wieder Tritt zu fassen. Dann kommen Tage, die mich um Wochen zurückwerfen in meiner Trauerbewältigung und Kraft.

Es ist eine furchtbare Woche, in der ich wie immer die Zeitung studiere und dort – wieder einmal – über tote Babys berichtet wird. Ein Baby wurde in einer Tiefkühltruhe gefunden, zwei weitere auf einem Dachboden und davor eines in einem Schließfach und eines in einer Babyklappe. Für mich ist es schrecklich und kaum auszuhalten.

»Welch unfassbares Leid in einem so unfassbar jungen Leben. Man muss sich doch wirklich fragen, wie viel Leid die Mütter erlitten haben, die so etwas tun! Wie kann es sein, dass sie dazu fähig sind?«, frage ich Andi, als er nach Hause kommt und sich wundert, weshalb in der Wohnung so viele Kerzen brennen. »Weißt du, es gibt in Deutschland doch eigentlich keinen Grund mehr, Babys umzubringen. Früher, als man in Schande vom Hof gejagt wurde und ohne familiären Rückhalt kaum überleben konnte, war so etwas – wenn überhaupt – eher nachvollziehbar. Aber heute, mit den ganzen staatlichen Unterstützungsmöglichkeiten für diejenigen, die in einer schwierigen Lebenslage schwanger werden, ist das doch nicht mehr nötig. Und selbst bei den Pflege- und Adoptionsmöglichkeiten hat sich so viel getan – bis hin zur offenen Adoption, sodass man sein Kind auch weiterhin sehen kann, wenn man das möchte. Es ist doch gar nicht mehr ›nötig‹, sich eines Kindes zu entledigen – falls es das jemals wirklich war. Und dem gesellschaftlichen Ansehen schadet ein Kind auch schon lange nicht mehr!«, ereifere ich mich. »Es ist doch ein Wahnsinn! Wir tun so viel, um endlich unser Wunschkind zu bekommen – und andere werden einfach so ungewollt schwanger, bringen das Kind zur Welt ... und entledigen sich dann des Kindes durch Mord. Die Welt ist so ungerecht. Es gibt doch so viele, die einen unerfüllten Kinderwunsch haben und nur zu gern einen kleinen Menschen voller Liebe willkommen heißen würden«, rede ich mich in Fahrt. Ich bin tatsächlich fassungslos und fühle mich ohnmächtig und traurig.

Später recherchiere ich, dass im Jahr 2012 in Deutschland offiziell insgesamt 27 Babys getötet wurden und die sogenannte Dunkelziffer vielleicht noch höher liegt. »Kindstötung« heißt das im Amtsdeutsch. 27 Babys, die nicht erwünscht waren in der Welt, in die sie hineingeboren wurden. Ich lese auch, dass die Zahl der Fälle 2010 um gut zwanzig Prozent gestiegen ist und die der Misshandlungen von Kindern um sieben Prozent. Und wir? Wir würden von Herzen gern ein Kind in unserem Leben begrüßen, es lieben, beschützen und auf dem Weg in ein erfülltes Leben unterstützen.

Ich halte die Nachrichten, dass wieder ein Baby von seiner Mutter umgebracht wurde, weil sie es nicht haben wollte, seelisch kaum aus. Es zerreißt mir das Herz. Ich habe alles dafür getan, ein Kind zu bekommen. Alles ... und dann muss ich mich damit auseinandersetzen und es ertragen, dass andere schwanger werden und ihr Baby töten – weil sie es weder haben noch abgeben wollen. Damit kann ich kaum umgehen. Nachrichten wie diese gehen mir nahe und sind ein herber Schlag gegen meine Hoffnungskapazitäten und den Glauben an Gerechtigkeit im Leben.

Wenn Freunde vor, hinter und neben einem den Weg mitgehen

Freundschaften sind in Zeiten des Kinderwunsches so eine Sache. Wir alle wissen, dass es dazugehört, ein Netzwerk aus Freunden und Familienmitgliedern zu haben. Ja, es ist sogar einer der sieben Lebensbereiche, in die sich das Leben jedes Menschen einteilen lässt. Der subjektive Erfüllungsgrad jedes Lebensbereiches ist gleichzeitig Indikator für den Grad an Zufriedenheit der Person. Freundschaften und das uns umgebende Netzwerk nehmen da einen gleichberechtigten Stand ein. Es gibt sogar Studien, die belegen, dass der Gesundheitsstatus eines Menschen besser ist, je stärker er in Beziehung zu seinen Mitmenschen steht.

Ich habe lange gebraucht, bis ich diese Lieblingsmenschen finden durfte. Ich meine damit nicht, dass ich keine Kindergarten- oder Schulfreunde hatte, ganz im Gegenteil. Aber ich bin – damals noch vollkommen ungewöhnlich – schon mit fünfzehn Jahren auf eigenen Wunsch nach England ins Internat gegangen und war in dem Alter, wo sich Freundschaften festigen und man gemeinsam Stück für Stück mehr in die Unabhängigkeit hineinwächst, gar nicht mehr in Deutschland. Freundschaften hatte ich natürlich auch im Internat und es sind erfreulicherweise durchaus welche dabei, die mich bis heute begleiten. Nein, was ich meine, sind die Freundschaften, die so tief gehen, dass sie unabhängig vom Erleben des gemeinsamen Alltags Bestand haben. Ich meine Freundschaften, die keinen täglichen Austausch benötigen und die auch dann noch Tiefe und Verbundenheit haben, wenn man sich wochen- oder gar monatelang nicht gehört hat.

Heute habe ich solche Freundschaften – und neben einigen Lieblingsmenschen, die sehr unternehmungslustig sind und mal hierhin und mal dahin ziehen, habe ich auch in München ein Netzwerk von echten Freunden, die mich in meiner Seele und in meinem Wesen erfassen und mich tragen. In den schwierigen Jahren des Kinderwunsches gehörten sie zu den wenigen Menschen, die ich eingeweiht hatte, weil ich wusste, sie würden an meiner Seite gehen – mal schützend vor mir, mal treibend hinter mir. Und manchmal würden sie neben mir den Weg gehen und mich an der Hand nehmen und mir helfen, Schritt für Schritt weiterzugehen, wenn meine eigene Kraft und Orientierung nicht stark genug waren. Diese Freunde haben mir nie das Gefühl vermittelt zu versagen. Was sie mir in diesen Jahren gegeben haben, kann ich mit Dank gar nicht aufwiegen.

Ja, Andi ist nicht nur mein Ehemann, sondern auch mein bester, engster, vertrauensvollster Freund. Und er und ich waren diejenigen, die den Kinderwunsch Monat für Monat erleben und durchstehen mussten. Aber diese Freunde waren es, die – jeder und jede auf eine eigene, unvergleichliche Art – dazu beigetragen haben, dass ich nicht in tiefe Depression, Trauer und Hilflosigkeit abgedriftet bin, und die immer wieder Wege fanden, mir ihr Ohr zu leihen, ihr Herz wärmend zu meinem zu legen und den Blick gemeinsam mit mir wieder nach vorn zu richten.

Wenn Freunde Kinder bekommen

In meinem Fall war die Sehnsucht nach einem Kind überbordend groß und sie erfüllte sich partout nicht. Nach einer Weile freute ich mich immer mehr über die Nachrichten aus dem Freundes- und Bekanntenkreis, dass wieder jemand ein Baby gesund auf die Welt gebracht hatte. Und ich habe mich immer gern mit diesen Menschen getroffen.

So konnte ich ihr Baby im Arm halten, mich über gute und weniger praktische Kleidungsstücke informieren, eine Unzahl verschiedener Kinderwagenmodelle »in echt« Probe fahren, Tipps über gute Kinderläden sammeln, Kinderbücher in Hülle und Fülle studieren, in Erinnerungen schwelgen, mich über Preise von Kinderschuhen, Schwierigkeiten mit Tagesmüttern, Kitas und Kindergärten informieren und manchmal im Sommer einfach auch nur mit den älteren Kindern meiner Freunde im Garten unter dem Wasserschlauch herumtollen.

Und – ja, ich gestehe es – manchmal war ich auch froh, dass ich nach einem erlebnisreichen, langen Tag mit den Kindern abends zu Hause auf meinem Sofa sitzen und den Tag Revue passieren lassen konnte ... ganz ohne Störungen und den quengelnden Forderungen nach der 35. vorgelesenen Gutenachtgeschichte.

Ich hatte Glück. Ich habe unglaubliche Unterstützung erfahren. Freunde haben mir ihre Kinder übers Wochenende ausgeliehen, damit ich mich zeitweilig und versuchsweise als (potenzielle) Mutter erleben konnte und auch endlich einen legitimen Grund hatte, in den Zoo zu gehen oder Mädchen-Sommerkleider auszusuchen.

Ich habe Freunde, die mich ihren gerade erworbenen Kinderwagen samt Baby probeschieben ließen, damit ich mich mit den Fragen, die – so glaubte ich fest – irgendwann kommen würden, schon einmal beschäftigen konnte.

Und wiederum andere Freunde ließen mich teilhaben an ihrem Leid durch Fehlgeburten. Damit tat ich mich besonders schwer, denn sie waren ja immerhin schon mal schwanger geworden. Aber am Ende waren wir doch in der gleichen Situation – wir kämpften jeweils mit dem Verlust der Hoffnung, dass alles gut ausgehen würde.

Und wieder andere Freunde waren einfach da – an guten und schlechten Tagen. Wenn wir uns trafen und ich traurig wirkte, nahmen sie mich in den Arm und sorgten wie selbstverständlich dafür, dass wir beim Spazierengehen Wege und Zeiten aussuchten, an denen wir nicht ständig frischgebackenen Eltern mit süßen Kindern in tollen Kinderwagen begegnen mussten. Wenn ich einen guten Tag hatte, sorgten sie dafür, dass ich mitbekam, wie sich Lebensfreude anfühlt. Und oftmals haben sie auch einfach nur gefragt: »Was brauchst du heute? Was tut dir gut?« Und dann haben wir das gemacht, was mir guttat – mal reden, mal schweigen.

Dieses Mitdenken und Mitfühlen, aber auch das gelegentliche »Entscheidungen abnehmen« waren eine wunderbare Erfahrung. Ich konnte für ein paar Stunden loslassen; war nicht in der Verantwortung und wusste zugleich, dass gut für mich gesorgt werden würde.

Was ich damit sagen will: Die Freunde, die eingeweiht waren und von Herzen kommende Fürsorge gezeigt haben, waren ein Elixier, das es mir ermöglicht hat, durchzuhalten.

Wann ist es genug?
Wann ist Schluss?

Es ist nicht leicht, den Kinderwunschweg weiterzugehen, wenn man sich emotional im Tal der Trauer befindet – und Monat für Monat zwischen Hoffnung und Enttäuschung nach dem richtigen Weg sucht, mit der Sehnsucht nach einem Kind zu leben. »Woher weiß man, wie viel die eigene Seele noch schafft?«, frage ich Andi immer wieder. Wenn er mich dann anschaut und selbst um Antworten ringt, dann merke ich, dass wir noch nicht aufhören können – sondern nach dem richtigen nächsten Schritt suchen müssen. Wir können unseren Traum noch nicht aufgeben; auch weil wir beide sehr disziplinierte Menschen sind, die doch eigentlich im Leben gelernt haben, dass man mit Fleiß und Hartnäckigkeit alles schaffen kann. Noch immer glauben wir trotz aller Rückschläge daran, dass wir es schaffen können, unser Kind irgendwann in den Armen zu halten.

Es gibt Sprüche, die einem manchmal das Leben erleichtern und Kraft geben – und solche, die als wirkungslose Phrasen empfunden werden. »Am Ende wird alles gut – und wenn es noch nicht gut ist, dann ist es noch nicht das Ende« ist für mich so ein wenig hilfreicher Spruch. Er hat einen großen Wahrheitsgehalt, ja. Und mir ist auch klar, dass er für viele Menschen sehr positiv ist. Aber für mich ist dieser Satz auch im Kontext des Kinderwunsches unpassend.

Für Andi und mich geht es darum, an ein gutes Ende zu glauben und uns gleichzeitig zu fragen, was man im Hier und Jetzt dafür tun kann, dass es eintritt. Noch sind wir nicht bereit, unser Ziel aufzugeben – aber wir sind durchaus bereit, unseren bisherigen Weg zu hinterfragen und neuen Wegweisern zu folgen.

»Wenn Sie größere Gewissheit haben möchten, was bei Ihnen los ist und weshalb es bisher zu so äußerst geringen Befruchtungsraten gekommen ist, dann empfehlen wir Ihnen eine humangenetische Untersuchung. Bei dieser Analyse wird Ihr Erbgut untersucht und so herausgefunden, ob Sie genetische Veranlagungen haben, die wir berücksichtigen müssen«, sagt Dr. Hoffnung, als wir erneut das Gespräch mit ihm suchen, um herauszufinden, welchen Wegweisern wir folgen sollen.

»Und was kann da herauskommen?«, frage ich nach.

»Nun, alles Mögliche. Es könnte sein, dass es Mutationen in Ihrem Erbgut gibt, die eine Befruchtung verhindern. Oder vieles mehr. Wenn wir das wissen, wissen wir auch, womit wir es bei Ihnen zu tun haben.«

»Wie geht denn das vor sich?«

»Sie bekommen von mir eine Überweisung, mit der Sie sich an eine entsprechende Praxis wenden können. Außerdem verfassen wir einen Arztbrief, aus dem Ihre bisherige Kinderwunschhistorie ersichtlich wird. In der Praxis wird man mit Ihnen Gespräche führen und Ihr Blut untersuchen. Möchten Sie das?«

»Ja. Bitte veranlassen Sie das«, sagen Andi und ich wie aus einem Mund. »Wir wollen wissen, woran wir sind und ob wir genetisch gesehen überhaupt eine Chance haben, ein Kind zu bekommen.«

Unsere Gene – Grundlage des Menschseins und Menschwerdens

Einige Wochen danach sitzen wir einer sehr freundlichen Ärztin gegenüber und beantworten unfassbar viele Fragen. Sie hat ein großes Blatt Papier vor sich liegen und zeichnet unsere ganze Familie darauf, inklusive ihrer Geschichten – soweit wir sie kennen – des Kinderbekommens, ihrer Krankheiten und Lebensgewohnheiten. Für uns sieht es aus wie ein großer Stammbaum und nur die vielen Kürzel, die sie zu jeder Person hinzufügt, verraten, dass sich dahinter mehr verbirgt als nur die Kartografierung der Verwandtschaftsgrade.

»Wie war das bei Ihrer Großmutter mütterlicherseits, Frau Ferber? Wie viele Kinder hat sie?«

»Zwei.«

»Gesund?«

»Ja.«

»Gab es mehr als diese beiden Schwangerschaften?«

»Das weiß ich nicht.«

»Können Sie das herausfinden?«

»Nein. Alle, die das sicher wüssten, sind tot.«

»Schade. Und bei Ihrer Großmutter väterlicherseits?«

»Drei.«

»Wissen Sie hierzu mehr über weitere Schwangerschaften, Krankheiten et cetera?«

So setzen sich die Fragen fort und die gezeichnete Landkarte unserer Familien wird immer größer. Irgendwann scheint die Ärztin alle ihre Fragen gestellt zu haben und bittet uns zur Blutabnahme.

»Mal wieder Blut abnehmen – wie spannend«, raune ich Andi zu und er grinst.

Einige Wochen später erhalten wir Post. Wir halten einen umfangreichen Brief des Humangenetiklabors in den Händen und sind nun doch aufgeregt. Ziemlich aufgeregt sogar.

»Was, wenn da ganz furchtbare Dinge drinstehen?«, frage ich Andi mit zusammengekniffenen Lippen. Mir ist schlecht.

»Wird ja wohl nicht so sein; sonst hätten sie uns doch zum Gespräch eingeladen«, erwidert Andi in seiner unerschütterlichen Art des Vertrauens in die Menschen. Ich nicke und schicke ein Stoßgebet in den Himmel, denn mein Vertrauen ist nicht so groß. Zu oft habe ich Geschichten gehört von Menschen, die auf brachiale Art und Weise von schweren Krankheiten erfahren haben.

Uns bleibt nichts anderes übrig; wir öffnen den Briefumschlag – und hoffen.

Zwischen den ganzen medizinischen Formulierungen lesen wir heraus, dass wir nichts haben. Wir sind Menschen, wir haben Gene – aber wir haben nichts, was eine Schwangerschaft verhindert. Nicht soweit es getestet wurde. Denn wir mussten im Gespräch mit der Ärztin ihren Abwägungen folgen, was untersucht werden würde – ein Rundum-sorglos-Paket, wie wir es gern hätten, gibt es nicht. Wo auch immer sie eine Wahrscheinlichkeit in unseren Genen sah, wurde gesucht – aber bei Weitem nicht allumfassend, wie wir es uns für unser Seelenwohl gewünscht hätten.

Jetzt atmen wir erst einmal tief durch. Jeder für sich und wir beide gemeinsam.

Am Tag danach ist davon jedoch nichts mehr zu spüren, denn wir merken, dass wir nach wie vor keinen Grund kennen. Wir haben erfahren, dass wir ohne Diagnose dastehen und somit keinen Meter weitergekommen sind auf unserem Weg zu einem Kind. Wenn es keine genetischen Gründe gibt, gibt es auch keine neuen Wegweiser. Wir fühlen, trotz aller Freude über den an sich positiven Befund, wie er uns zurück auf Los schickt – ohne eine Prämie einkassieren zu dürfen. Wir fangen von vorn an. Wieder einmal.

Teil 2:
Traurige Trauer

Vorgezogene Midlife-Crisis

Aus diesem Tal der Trauer komme ich monatelang nicht heraus. Ich empfinde keine Freude mehr – alles scheint mir furchtbar oberflächlich. Wenn Freunde uns einladen, mit in den Biergarten zu gehen, dann tun wir das bisweilen, wenn ich »nur« einen grauen Tag habe und mich zusammenreißen kann. Aber es sind wenige Momente in diesem Sommer, an denen ich ein helles Licht sehe. Sehr wenige. Ich ziehe mich zurück, halte die Fassade im Berufsleben hoch und bin dadurch so angestrengt, dass ich zu Hause nur noch auf dem Sofa liegen und auf etwas Linderung hoffen kann. Ich merke nicht, dass dieser Kreislauf mich noch mehr schwächt, sondern halte daran fest. Ich habe keine Kraft für das Leben an sich.

Ich glaube, dass Menschen viel ertragen können, wenn sie Gründe dafür haben. Wenn man rational verstehen kann, weshalb etwas so ist, wie es ist, wird es greifbar und fassbar. Andi und mir ist das nicht vergönnt. Wir wissen einfach nicht, weshalb sich unsere Eizellen nicht befruchten – obwohl mit den medizinischen Hilfsmitteln die Grundlage dafür gelegt ist. Wir wissen nicht, weshalb wir kein Kind bekommen, obwohl unsere körperlichen Schwächen durch die ICSI aufgehoben werden. Wir dachten, wir könnten ab hier losgehen und mit der Prämie der Reproduktionsmedizin im Gepäck ein Kind bekommen. Tun wir aber nicht. Und das lässt mich schier verzweifeln. Letzten Endes grundlos kinderlos – was für eine Botschaft.

»Je länger ich mich damit beschäftige, desto schwerer ist es für mich zu ertragen«, sage ich weinend zu Andi, als mich das dunkle Monster der Hoffnungslosigkeit wieder einmal im Griff hat. Nach Wochen, in denen ich nach außen hin meine besten schauspielerischen Fähigkeiten gezeigt habe, kann ich nicht mehr. Ich bin erschöpft. Leer. Traurig. Frustriert. Kraftlos – vollkommen kraftlos.

»Du bist derjenige, der mich stützt – und dabei musst du doch deine eigene Trauer tragen und aushalten. Du bist so stark – obwohl du deine Kraft für dich brauchen würdest«, sage ich zu Andi und weine herzzerreißend. Die Tränen schießen nur so aus meinen Augen, ich kann sie nicht stoppen. Woher sollte ich dafür noch die Kraft nehmen? Meine Kraft investiere ich in das Aufrechterhalten meines Berufslebens inklusive der dazugehörigen Schauspielerei und in das Wahren der Fassade. Zu Hause kann ich die Maske absetzen – und wenn ich das tue, überwältigt mich die Trauer. Jede Faser meines Körpers ist schmerzerfüllt und von Traurigkeit gelähmt.

»Wahrscheinlich findest du es auch schwer, mich zu ertragen, nicht wahr? Aber mit wem soll ich denn reden, wenn nicht mit dir?«, schluchze ich an Andis Schulter und stelle fest, dass sein Hemd schon ganz durchfeuchtet von meinen Tränen ist.

Mir ist durchaus bewusst, dass ich Andi mit meiner Trauer und Hilflosigkeit eine Bürde bin. Ich kann mir gut vorstellen, dass ich eine Belastung für ihn bin und er schwer daran trägt, sowohl sich selbst als auch mich aufrecht- und am Leben zu erhalten. Wie schön wäre es, wenn ich über diese Gefühle mit jemandem sprechen könnte, der sie selbst durchlebt hat – der sich nicht vorstellen muss, wie sich diese ewig währenden Enttäuschungen anfühlen, sondern es selbst gefühlt hat. Aber so jemanden gibt es nicht, weil das Thema so ein Tabuthema ist. Niemand geht mit mir diesen Weg und hilft mir, die Sonne am Ende des Tunnels zu sehen und die Hoffnung in meinem Leben zu halten. Ich muss diesen Weg allein gehen. Nur Andi ist für mich da – wenn ich es mir und ihm erlaube. Denn allzu oft schütze ich ihn, damit er für mich stark sein kann, falls es mir einmal noch schlechter geht als im Moment.

»Was für eine Idiotie«, bringe ich hervor, als die Tränen gerade einmal versiegt sind.

»Was meinst du?«

»Nun, ich schütze dich an den Tagen, an denen die Trauer nicht abgrundtief ist, und erzähle dir nichts. Weil ich mir dann noch irgendwie selbst helfen kann, wenn auch nur schwer. An diesen grauen Tagen, an denen mir ein Gespräch mit dir schon sehr helfen würde, sage ich nichts, damit du dann, wenn die Tage finstergrau sind, Kraft für mich hast. Aber ich frage mich schon, ob nicht genau dieses Schützen an den grauen Tagen überhaupt erst die finstergrauen ermöglicht.«

»Spatzl, ich bin für dich da. Ich tausche dich nicht aus, wenn's schwierig ist. Mag sein, dass wir in einer Wegwerfgesellschaft leben. Wir reparieren ein kaputtes Gerät nicht mehr wie früher, sondern entsorgen es, weil wir an der nächsten Ecke für weniger Geld ein neues erwerben können. Aber das gilt doch nicht für uns. Ich glaube nicht, dass man gehen sollte, wenn es schwierig wird. Ich glaube, gerade dafür ist eine Ehe da. Dass man zusammenhält – und nicht nur dann, wenn der Himmel rosarot ist. Wir haben es schwer im Moment – aber immerhin sind wir zu zweit. Und ich bin und bleibe da für dich! Was du aushalten musst, allein schon die ganzen Untersuchungen und Hormongaben, kann ich dir nicht abnehmen. Ich weiß, dass du einen größeren Teil der Kinderwunschbehandlung trägst als ich. Da ist es doch das Mindeste, das ich wenigstens das tue, was ich tun kann: Für dich da sein!«

Ich weine hemmungslos. Ein ganzes Wochenende lang. Andis Worte berühren mich, weil seine Analyse so zutreffend ist. Weil ich mich freue, dass er die Situation so erfasst, wie ich sie empfinde. Aber ich weine auch vor Traurigkeit über das, was wir erleben müssen.

Einige Wochen später blättere ich in einer Zeitschrift für Frauen über 45 Jahre. Und auf einmal geht mir ein Licht auf.

Während ich halbherzig einen Artikel über die Wechseljahre lese, von denen ich, Mitte dreißig, ja noch Lichtjahre entfernt bin, kommt mir die Erkenntnis: Ich habe wohl eine große, vorgezogene Midlife-Crisis. Eine ausgewachsene Lebenskrise, die sonst viele Frauen in unseren Breiten erst dann ereilt, wenn die Kinder das Nest verlassen, sie als Mütter nicht mehr so stark gebraucht werden, die Hormone verrückt spielen und gleichzeitig die Aufgabe, der Sinn im Leben fehlen. Ich werde nicht gebraucht!

Was für eine Erleichterung, das zu verstehen. Es tut mir gut, endlich ein Schlagwort und eine Argumentationskette für mich selbst zu haben, anhand derer ich für mich nach Lösungen suchen kann.

Wenn ich durch die ungewollte Kinderlosigkeit eine vorgezogene Lebenskrise habe, dann kann ich lernen, damit umzugehen, und nach Mitteln und Wegen suchen, die für mich eine positive Wirkung entfalten. Und ich habe das Gefühl, nicht mehr die Einzige auf der Welt zu sein, die sich dieser Krise stellen muss – auch wenn die Auslöser für die Frauen in den Wechseljahren andere sind als für mich. Dennoch ist die Ausgangssituation, der »Ist-Zustand«, auch ohne gemeinsamen Auslöser vergleichbar. Ich schöpfe Hoffnung in der Trauer und habe das Gefühl, eine Chance auf Heilung zu haben.

»Weißt du, Andi, was ich heute Nacht für einen Gedanken hatte?«

»Nein. Erzählst du's mir?«, fragt er mich, als er neben mir beim Abendbrot sitzt.

»Ich habe gedacht, dass ich so gar keine Kraft für das Leben habe. Wenn das so ist, wie soll ich dann Leben schenken?«

»Hmm«, sagt Andi und ich merke, dass meine Worte ihn berühren. »Das ist ein guter Gedanke. Aber wenn es wirklich so ist, dann lautet doch die naheliegende Frage an dich und mich, was wir tun können, damit diese Lebenskraft wieder wachsen kann, oder?«, sagt er und schaut mich über den Teller mit dem Käsebrot hinweg erwartungsvoll an.

»Ich hätte so gern mal Ruhe. Ich würde so gern wieder einen Sinn haben, für den ich Kraft sinnvoll einsetzen kann. Ich hätte so gern ein Kind, um jeden Tag etwas Sinnvolles zu tun. Stattdessen sitze ich als Beraterin – gut bezahlt, okay – jeden Tag in einem Raum und hecke Pläne aus, wie das Unternehmen, das uns engagiert hat, seine Kundenbindung – und in Wahrheit seinen Gewinn – verbessern kann. Ich liebe meinen Job, das weißt du. Aber niemand fragt, was sie mit dem Gewinn machen. Er ist doch im eigentlichen Sinn kein Selbstzweck. Bauern arbeiten hart, wenn sie ihre Felder bestellen, aber sie tun das, damit es für sie einen Sinn hat – in dem Bild sorgen sie für die Ernährung ihrer Familien. Und ich sorge dafür, dass am Jahresende zwanzig Milliarden Euro unter dem Strich stehen und nicht ›nur‹ neunzehn. Weshalb? Wofür ist das gut? Ich will etwas weitergeben, etwas tun, etwas verändern, gebraucht werden, einen Unterschied machen ...« Nach diesem Monolog muss ich erst einmal tief Luft holen, so sehr habe ich mich in Rage geredet und Dinge gesagt, die mir eine Minute vorher noch gar nicht bewusst waren. Auch Andi schaut mich überrascht an. Und beißt in sein Käsebrot. Und kaut.

Dann sagt er: »Okay, wenn ich dich richtig verstehe, würde dir eine sinnreichere Tätigkeit gerade guttun, ja?«

»Ja. Ich glaube, so ist es.«

»Sinn. Und Werte leben. Und sich einbringen. Und etwas bewegen. Das willst du?«

»Ja. Wenigstens das, wenn ich schon kein Kind haben kann!«, erwidere ich trotzig, aber auch erleichtert, weil mir bewusst geworden ist, wo ich doch noch etwas tun kann, um dem traurigen Stillstand etwas entgegenzusetzen.

Aber so schnell geht es dann doch nicht. Ein paar Monate muss ich mich noch gedulden, bis eine neue Lebensphase beginnt.

Neuer Job und ein gebrochener Kiefer

»Wie es manchmal so kommt«, sage ich zu Andi an Weihnachten in diesem Jahr. Meine innere Sehnsucht nach mehr Sinn im (beruflichen) Leben hat sich erfüllt. Mein Unterbewusstsein wusste es vor mir, dass für mich ein neuer Job ins Haus stehen würde! Jetzt sind schon drei Monate darin rum und ich habe wieder das Gefühl, etwas Gutes im Werte-Sinn, etwas aus meiner Sicht Sinnvolles zu tun. Vielleicht sehen das nicht alle so, aber ich engagiere mich und erfahre Anerkennung dafür. Dafür bin ich dankbar. Nach einem kurzen Atemzug füge ich hinzu: »Was habe ich in diesen drei Monaten zwischen Oktober und Dezember nicht alles erlebt!«

Andi nickt und streichelt mir sanft über das gerade vernarbende Kinn. Anfang Oktober habe ich meinen neuen Job angetreten. Und glatte zehn Tage später bin ich gestürzt. In der Küche an einem Sonntagmorgen wollte ich mir, ausgeschlafen und gut gelaunt, einen frühmorgendlichen Kaffee kochen, als es passierte. Ich bin einfach umgefallen. Ungebremst aufgeschlagen. Und im Nachthemd in einer Blutlache um meinen Kopf aufgewacht. Mit zitternden Knien, rasendem Herzen, stark verschwitzt mit nassen Haaren und vielen Fragezeichen in meinem Kopf. Als ich mich aufgerappelt hatte und aufsetzen konnte, bin ich über den Boden gerobbt, bis ich zum Tisch gelangte, auf dem mein Handy lag. Andi war mit Freunden übers Wochenende in Frankreich und so rief ich meinen Schwiegervater an. Viel sagen konnte ich nicht, nur dass er schnell kommen möge. Ich denke, er hörte an meiner

Stimme, dass etwas passiert sein musste. Glücklicherweise hat er einen Schlüssel zu unserer Wohnung und so fand er mich bald auf dem Küchenboden vor.

Der Notarzt ließ mich ins Krankenhaus einliefern und die Untersuchungen ergaben schnell einen komplizierten Kieferbruch, verursacht durch den ungebremsten Aufprall meines Kopfes auf den Küchenboden. Stunden später, mit genähter Platzwunde am Kinn und unfassbar vielen Drähten in meinem Mund, erfuhr ich dann, dass ich für weitere Untersuchungen in der Klinik bleiben müsste. Eine Woche war ich dort und die beunruhigten Ärzte, die sich nicht erklären konnten, wie ich so plötzlich ohnmächtig werden und stürzen konnte, stellten mich buchstäblich auf den Kopf. Und fanden nichts. Nach einer Woche im Krankenhaus hatte ich ein eingehendes Gespräch mit dem Chefarzt. Nach wiederholter Begutachtung aller nun vorliegenden Untersuchungsergebnisse äußerte er die Vermutung, dass der Sturz wohl eine Folge der Kinderwunschmedikamente sein müsste.

Inzwischen glauben wir das auch. »Weißt du noch, Andi, diese grauenvoll schmeckende Aminosäure, die ich jeden Morgen trinken musste, aufgelöst in zwei ausgepresste Zitronen, damit man den widerlichen Geschmack überhaupt mindern konnte? Weißt du noch, wie sehr mir das Morgen für Morgen widerstrebt hat? Und weißt du noch, dass ich sage und schreibe sechs Monate lang jeden einzelnen Tag Durchfall davon hatte?«

»Erinnere mich nicht daran. Es ist eine Zumutung für dich gewesen, die du mit viel Disziplin und Hoffnung gemeistert hast. Wir dürfen uns das nicht vorwerfen. Aber wir hätten uns schon fragen können, ob es wirklich gesundheitlich zu vertreten ist, dass du ein halbes Jahr lang deinem Körper alle Nährstoffe durch den Durchfall entzogen hast. Wir hätten darauf kommen können, dass das nicht gut für dich ist. Aber wir sind nicht darauf gekommen – und du musstest neben allem anderen auch noch den Kieferbruch verkraften. Aber wenigstens ist entschieden, dass du mit deiner starken Reaktion darauf das Mittel definitiv keinen Tag länger nimmst – egal, was die Konsequenzen sind. Der Notarzt hat es ja gesagt: Wenn du nur einen oder zwei Zentimeter weiter auf der Seite gestanden hättest, hättest du dir bei dem Sturz das Genick an der Küchenplattenkante gebrochen. Du hattest Glück im Unglück – und mit dieser Medikation ist seitdem definitiv Schluss«, sagt er zu mir, öffnet die Arme und umarmt mich fest.

»Ja. Wir hätten drauf kommen können, ich weiß. Sind wir aber nicht. Ich war blind vor Hoffnung, dass wir dadurch endlich unser Baby bekommen würden! Für diesen Traum war ich bereit, alles hinzunehmen, was Hoffnung versprach. Ich glaube, das war ein Fehler.«

Das nächste Mittel wirkt bestimmt!

»Immer ist da diese Hoffnung in mir, dass der nächste Versuch, der nächste Tee oder das nächste neue Medikament den Durchbruch bringt und mich schwanger werden lässt. Dabei ist es eine Abwärtsspirale, die mich gefangen nimmt ... das war mit dieser Aminosäure auch nicht anders. Ich wollte mich überzeugen lassen, dass sie den Durchbruch bringt in einer Situation, in der wir sonst nichts tun können. Ich hatte sogar gehofft, dass gerade der widerliche Geschmack besonders hilfreich sein würde beim Erreichen unseres Ziels«, sage ich zu Andi. »Ich lese unglaublich viel, höre mich um und immer schwingt die Suche mit. Die Suche nach dem einen Geheimtipp, der uns das Wunschbaby bringt. Seit Jahren wünschen wir uns sehnlichst ein Kind. Und die Medien, die Werbung, aber auch so manche Heilsversprechung im Internet gaukeln uns vor, dass es letzten Endes gar nicht so schwer ist, schwanger zu werden. Was für ein Trugschluss!«, jammere ich meinem Mann in einem Moment großer innerer Klarheit vor. »Wenn du dir ein Kind wünschst, dann bist du – ähnlich wie die Zielgruppe der Hochzeitswilligen – eine dankbare Abnehmerschaft von Produkten jeglicher Art. Unsere Not ist so groß wie bei den Hochzeitsfreunden die Vorfreude auf den perfekten Tag. Immer dieses Gefühl, jetzt bin ich kurz vor dem Ziel. Und dann wieder, wenn's mit dem letzten Mittel nicht geklappt hat. Chinesische Tees, japanische Heilpflanzen, Geheimmittel aus dem Amazonasgebiet, Tipps von indianischen Stämmen, nepalesische Rituale sind da nur das eine Ende der Fahnenstange ... und in meinem Fall auch noch die Aminosäure samt Kieferbruch. Und sind wir doch mal ehrlich: Die Ratgeber und auch alle anderen, die sich mit dem Themenkomplex Kinderwunsch beschäftigen, geben einem das Gefühl, immer noch etwas ausprobieren zu müssen ... weil es dann, genau dann, klappen wird!«

Andi schaut mich aufmerksam an. Ihm dämmert wohl, dass sich hier die Kinderwunsch-Franziska gerade aktiv mit der Marketing-Franziska unterhält.

»Böse gesagt, sind die Menschen mit einem unerfüllten Kinderwunsch eine marktwirtschaftlich betrachtet dankbare Gruppe – weil ihre Sehnsucht, ihr Wunsch so groß und das Leid oftmals noch größer ist und weil genau in dieser Kombination so manches Mittelchen fast schon mit einer Art ›Garantie‹ verkauft wird. Ich denke, hier spielt man gehörig mit der Verzweiflung der Menschen, die eben diesen großen, ganz natürlichen Wunsch nach einem Kind haben. Ich mache das immer und immer wieder mit. Und manchmal frage ich mich, wie blöd ich eigentlich bin. Das Geld, das ich für die Hoffnung auf ein Kind durch diese Mittel ausgebe, könnte ich viel sinnvoller für uns als Paar einsetzen. Dann hätten wir wenigstens etwas davon. So bleibt uns nur die Verstärkung der Hoffnungskurve und der Trauerschleife, weil es wieder einmal nichts gebracht hat«, referiere ich weiter, angeheizt von der Ruhe und Besinnlichkeit der Weihnachtstage.

Andi beugt sich zu mir herüber und sagt: »Lass mich das mal ganz anders beleuchten. Du kannst die Dinge so sehen, wie du sie gerade wahrnimmst. Da ist schon viel Wahres dran. Aber sieh es etwas anders oder zumindest eine andere Facette. Du hast in der Hand, worauf du deine Aufmerksamkeit lenken möchtest. Und eigentlich fährt man doch, egal in welchem Themenbereich, am besten, wenn man sich auf die Dinge konzentriert, die man in der Hand hat. Was kannst du beeinflussen? Wo kannst du selbst etwas zum Guten verändern? Wo lohnt es sich? Hast du dich das schon einmal gefragt?« Er schaut mich eindringlich an. »Ich denke, dass wir beide vielleicht eher die Aufmerksamkeit darauf lenken sollten, was wir selbst beeinflussen können, und uns nicht länger durch das Dorf der Versprechungen jagen lassen sollten. Wir haben gesehen, was die Aminosäure bewirkt hat. Das sollte uns eine Lehre sein. Wir müssen überlegen, was wir dieser ewigen Warterei, unserer Verzweiflung und unserer bisweilen starken Hoffnungslosigkeit entgegensetzen können. Was können wir tun, damit sie nicht mehr so stark die Oberhand gewinnen über unsere Seele, aber auch unser Leben insgesamt?«

Ich weiß, dass Andi recht hat. Ich weiß, dass wir selbst etwas verändern müssen, damit es leichter wird. Ich merke, dass ich mir sehr wünsche, jetzt jemanden an meiner Seite zu haben, der selbst den Kinderwunsch durchlebt hat, aber auch die fachliche Kompetenz hat, mich psychisch in dieser schwierigen Lebensphase zu unterstützen. Am nächsten Tag sitze ich vor dem Notebook und fange an, nach Hilfe für meine geschundene Seele zu googeln. Bald schon stelle ich fest, dass es durchaus Unterstützungsangebote gibt für Menschen, die sich in einer Kinderwunschbehandlung befinden. Aber bei jedem Angebot, über das ich in diesem Netz stolpere, missfällt mir etwas so sehr, dass ich das Gefühl habe, mich hier nicht fallen lassen zu können. Die einen sehen mich offensichtlich als krank an, die anderen wirken auf mich zu soft, wieder andere bieten Leistungen an, zu denen ich persönlich keinen Zugang finde. Schließlich fällt mir ein, dass ich im beruflichen Kontext wirklich gute Erfahrungen mit systemischen Coaches gemacht habe. Ich mag ihre in der Regel pragmatische, aufmerksame Art, die Dinge zu sehen. Und ich mag es, dass ein Coaching nicht wie eine Therapie das Augenmerk auf die Vergangenheit richtet, sondern stets eine Veränderung in der Zukunft im Blick hat. Was war, war. Was vor mir liegt, kann ich gestalten. Und ich bin an einem Punkt, an dem ich dem Kontrollverlust etwas entgegensetzen möchte. Ich bin mit dem Satz aufgewachsen, dass man mit Fleiß und Disziplin alles erreichen kann. Nur dass diese Bewältigungsstrategie nun nicht funktioniert. Denn beim Kinderwunsch kann ich mich in weiten Teilen anstrengen, wie ich will; es ändert nichts. Ich brauche eine neue Sichtweise und eine neue Bewältigungsstrategie, wenn ich mein Leben von nun an anders leben möchte.

Nach diesem Gedanken, dass ein Kinderwunsch-Coach vielleicht für mich die richtige Unterstützung sein könnte, beginne ich danach zu suchen. Doch die Suche währt leider nicht lange, denn die Trefferanzeige bei Google habe ich allzu schnell überflogen: Es gibt niemanden. Und erst recht niemand in meiner Nähe, den ich um Unterstützung bitten könnte.

»Weißt du, Andi, ich habe mich um Hilfe bemüht, aber ich kann niemanden finden, der zu mir passt. Und für eine Therapie fühle ich mich nicht krank genug. Ich möchte wirklich jemanden an meiner Seite haben, der weiß – und sich nicht nur vorstellt –, wie es mir geht. Ich möchte jemanden haben, der es selbst erlebt hat. Denn diese ganzen Gefühle scheinen mir persönlich doch so tief zu gehen, dass es mir guttäte, sie nicht erklären zu müssen, sondern einfach zu wissen, dass mein Gegenüber sie aus eigenem Erleben kennt und mit mir meinen Weg geht, mich begleitet und manchmal auch leitet. Wenn diese Person dann auch noch fachlich qualifiziert wäre, mir zu helfen, einen besseren Umgang mit meinen Themen und Problemen zu finden – ich glaube, das wäre das Richtige für mich. Aber gut ... gibt's nicht. Muss ich es halt wieder mal allein schaffen. Aber das werde ich!«, rufe ich Andi und mir zu, um uns Mut zu machen.

Das Engelchen klatscht dazu begeistert in die Hände, wedelt mit den Flügeln und strahlt so sehr, als müsste es die ganze Nachbarschaft mit Licht versorgen.

Kinderwunsch-Coach gesucht – Coaching-Ausbildung gefunden

Ein paar Wochen später, an einem verregneten Sonntagnachmittag, sitzen Andi und ich mit jeweils einer großen Tasse Milchkaffee nebeneinander auf dem Sofa. Die zurückliegenden Wochen waren nach meiner Rückkehr an den Arbeitsplatz aus dem Krankenhaus anstrengend, stimmen mich aber fröhlich.

»Du?«, raune ich. »Ich muss dir etwas erzählen!«

»Was denn?«, raunt Andi zurück.

»Erinnerst du dich, dass ich neulich nach einem Kinderwunsch-Coach gegoogelt habe, der mir helfen könnte, mit der Situation besser umzugehen?«

»Jaaa?«, sagt Andi mit gedehnt-fragender Stimme.

»Ich konnte ja niemanden finden, der sich auf den Kinderwunsch in einer zu mir passenden Art und Weise spezialisiert hat. Und das hat mich wirklich frustriert. Aber ich habe mich schlau gemacht und eine gute Ausbildung zum systemischen Coach entdeckt. An dem Institut, mit dem wir in der Beratungszeit schon so viel zusammengearbeitet haben. Die Ausbildung hat wirklich Hand und Fuß; das Institut gehört zu den Mitbegründern von Coaching-Ausbildungen überhaupt in Deutschland und bildet seit dreißig Jahren aus. Ich glaube, fachlich korrekt müsste es Weiterbildung heißen. Aber sie geht über drei Jahre und hat einen hohen Selbsterfahrungsanteil. Das ist doch mehr als nur eine Weiterbildung, denke ich. Ich werde es Ausbildung nennen.

Wenn ich keinen Coach für mein Anliegen finden kann, dann werde ich eben selbst einer. Was sagst du dazu?«, erzähle ich euphorisch von meinen Recherchearbeiten und Gedanken der letzten Wochen.

»Krass. Das ist ja mal eine Ansage. Coole Idee!«, zieht Andi sofort begeistert mit und ich freue mich total.

»Ich habe schon alles überlegt und geplant. Los geht's Ende November; ich kann dafür Urlaub nehmen und die Termine sind schon alle bekannt, sodass im Büro langfristig mit meinen Abwesenheiten geplant werden kann. Es sind zwar wirklich stolze Kosten, aber sie sind wenigstens zum Teil auf die Einkommenssteuerlast anrechenbar. Und über die Jahre verteilt schaffe ich es schon, das zu bezahlen ... Hier haben die Investitionen wenigstens gleich einen konkreten Nutzen. Wenn mich keiner coachen kann, dann coache ich mich eben selbst. Und ich hätte endlich mal wieder was für mein geplagtes Gehirn und müsste hoffentlich nicht mehr rund um die Uhr über den Kinderwunsch nachdenken. Na, was sagst du?«

»Spatzl, du wirst das schaffen. Ich unterstütze dich auch. Ich finde deine Idee einfach klasse. Und schau mal, wie du strahlst. Wie schön, das zu sehen! Und schau dir mal an, was du in deinem Leben schon alles geschafft hast. Es wird dir bald besser gehen«, ermutigt mich mein Mann.

Ich aber bin noch gar nicht am Ende meiner Gedanken: »Ich habe mir vorgenommen, mich wirklich mehr auf das zu konzentrieren, was ich selbst steuern kann. Ob wir ein Kind bekommen werden, weiß vermutlich nur der liebe Gott. Aber den Rest, den wir ändern können, auf den wir Einfluss haben, den möchte ich bewusster gestalten! Und deshalb will ich parallel zum neuen Job diese Ausbildung machen. Ich möchte mich mehr auf das konzentrieren, was gut ist. Und in der Ausbildung möchte ich lernen, wie ich das schaffen kann. Und wenn sie mir dann auch gleich noch beibringen, wie ich andere auf einem ähnlichen Weg begleiten kann, ist das bestimmt kein Schaden! Ich möchte nicht immer nur warten müssen, sondern jetzt etwas tun können! Hilfst du mir dabei?«, frage ich Andi und atme tief ein nach meinem kleinen Vortrag.

Er umarmt mich anstelle einer Antwort ganz fest und lässt mich fast nicht mehr los. Ich merke, wie froh er ist über meine neu entdeckte Tatkraft. Und ich weiß, dass ich mich auf ihn und seine Unterstützung verlassen kann, dass er voll und ganz hinter meinem Vorhaben steht. Und ich bin in diesem Moment nach ewiger Zeit das erste Mal wieder nur froh und dankbar.

Ein Gedanke verändert
meine ganze Welt

Nach Weihnachten in diesem denkwürdigen Jahr des Jobwechsels, des Kieferbruchs und der Entscheidung für die Coaching-Ausbildung fuhren Andi und ich zu Silvester in unser Lieblingshotel in den Alpen. Hier wollten wir zur Ruhe kommen, hier waren wir einfach nur ein Paar und hatten Zeit füreinander – aber auch jeder für sich selbst.

Wenn man Menschen fragt, was sie wollen und wovon sie träumen, dann hört man in erster Linie präzise Antworten zu dem, was sie nicht wollen. Dies nicht und jenes nicht – und das hier schon ganz und gar nicht. Ich habe mich dort in einem einzigen Moment entschieden, mein Leben komplett neu einzurichten. In dem Moment wurde all das, was mich zuvor schon eine Weile beschäftigt hatte, auf einmal zur inneren, starken Wahrheit. Denn immer und immer wieder erreichte mich ein Gedanke, den ich zunächst gar nicht greifen konnte.

Heute weiß ich – Fachchinesisch –, dass dieser Gedanke einfach bis dato nicht aus dem limbischen System meines Kopfes in den präfrontalen Cortex vordringen konnte, wo er für mich greifbar geworden wäre. Lange Zeit gärte ein Gedanke dort gut verborgen und offensichtlich auch warm eingebettet vor sich hin. Der Gedanke nämlich, dass ich mein Leben nun endlich selbst in die Hand nehmen und gestalten würde. Nach meinen Spielregeln und in einer Art und Weise, wie sie gut zu mir passt. Auf einmal kam dieser Gedanke an die Oberfläche und wurde greifbar. Und nicht nur das, er wurde sogar körperlich erlebbar, denn auf einmal vibrierte ich am ganzen Leib angesichts der Kraft, die er in mir entfaltete. Ich wusste in dem Moment, dass es kein wirkliches Zurück mehr geben würde – sondern nur noch die Frage des Wie.

Es passierte in den Tagen vor Silvester. Wir verbrachten die Zeit zwischen Frühstück und Zubettgehen beim Spazierengehen durch den hoch aufgetürmten Schnee, um anschließend im Wellnessbereich zwischen warmen Solebecken und Saunagängen zur Ruhe zu kommen. Und genau diese Ruhe brachte alles ins Rollen: Ich hatte das erste Mal seit sehr, sehr langer Zeit das Gefühl, ganz und gar bei mir selbst zu sein. Nichts und niemand um mich herum beschäftigte mich – nur Andi und ich und meine Gedanken darüber, wie ich leben möchte, was mir wichtig ist, was mich auszeichnet und was ich gut und leichten Herzens kann.

Tagelang war ich in diesem Zustand zwischen Euphorie und tiefen Gedanken. Und ich war so fröhlich, so kraftvoll. Und so ruhig – so ruhend in mir selbst.

In diesem einen Moment während dieser Auszeit habe ich mich entschieden, mein Leben in die Hand zu nehmen – ohne Reue wegen der Kinderlosigkeit. Gut, den einen noch ausstehenden ICSI-Zyklus im Januar sollte es noch geben. Aber sollte auch dieser negativ ausgehen, wäre Schluss. Andi und ich haben in diesen Ferien viel und innig gesprochen. Über unsere Vorstellungen vom Leben, über unsere Bereitschaft, auf unseren Traum zu verzichten, und den Wunsch, das Leben selbst in die Hand zu nehmen. Und wir kamen zum gleichen Ergebnis: Wir waren beide der Meinung, dass wir – sollte der nächste Versuch ebenfalls scheitern – nun wahrlich alles dafür getan hätten, unser Wunschkind zu bekommen. Und dass wir uns niemals würden Vorwürfe machen müssen, dass wir nicht alles probiert hätten, wenn wir alt und vielleicht auch einsam auf einer Bank sitzen würden. Nein, wir hatten wirklich alles in unserer Macht Stehende getan. Und sollte dieses Kind sich dennoch nicht zu uns gesellen wollen, dann wollten wir ab jetzt dafür sorgen, dass wir nicht weiter einem Traum hinterherliefen, sondern endlich anfangen, unser Leben zu leben.

Ich wollte die Kraft nutzen, die ich durch diesen Entschluss übrig hatte. Ich wollte sie nutzen, etwas aufzubauen, sie in etwas fließen lassen, das wichtig ist, das einen Sinn hat. Und wie gut tat es mir, einen Plan für meine Zukunft zu haben – sollte, ja, sollte der nun für Januar geplante letzte ICSI-Zyklus fehlschlagen.

Der letzte ICSI-Zyklus

Es war auch diesmal nicht lustig. Ganz und gar nicht. Und eigentlich ist dieser letzte ICSI-Zyklus schnell erzählt: Vorstimulation, Stimulation, Hormon-Berg-und-Talfahrt, Blutkontrolltermine, Ultraschalltermine, Hoffen und Bangen, die Punktion und dann das altbekannte Warten. Warten. Und Warten. Einzig die parallel stattfindende Ausbildungswoche in den Alpen in der Woche vor der Punktion brachte eine neue Qualität hinein.

»Ich muss mir auch während der Ausbildungstage die Hormonspritzen geben. Das macht sonst immer Andi, ich kann das nicht allein. Kannst du mir helfen? Du bist doch ausgebildete Krankenschwester«, sage ich aufgeregt am Telefon zu Johanna, die mit mir die Coaching-Ausbildung macht. Sie arbeitet zwar schon lange nicht mehr in ihrem ursprünglichen Beruf, aber ich setze darauf, dass man das Spritzensetzen ebenso wenig verlernt wie das Fahrradfahren.

»Ja, klar. Wenn ich dir damit das Leben leichter machen kann, erledige ich das gern«, sagt sie sofort und ohne Umschweife.

»Du bist ein Schatz! Danke!«, sage ich erlöst ins Telefon und atme tief durch, weil damit eine der Hürden, die in diesem ICSI-Zyklus genommen werden müssen, genommen ist.

Weil es Januar ist, muss ich wenigstens nicht dafür sorgen, dass ich die Medikamente kühlen kann, sondern kann sie auf meinem Hotelzimmerbalkon lagern, in einer Brotzeitdose gut verpackt. Mit der Kinderwunschklinik habe ich besprochen, dass ich bei den Vorsorgeterminen früh morgens als Erste an die Reihe komme, damit ich es jeweils pünktlich um neun Uhr zurück in das Ausbildungshotel schaffen kann.

Alles ist besprochen. Alles organisiert. Jetzt muss ich nur noch die intensive Ausbildungswoche und die innere Unruhe bewältigen – und davor habe ich ziemlichen Respekt. Ich habe bewusst eine Ausbildung ausgesucht, die fachlich anspruchsvoll und durch den hohen Selbsterfahrungsanteil emotional fordernd ist. Dazu noch die Kinderwunschhormonbehandlung. Du darfst dir selbst Respekt für deinen Mut zollen, freut sich das Engelchen, während das Teufelchen mit den Augen rollt und mich wissen lässt, dass ich das wohl schaffen werde und mich nicht anstellen soll.

Am Dienstagmorgen fahre ich, nachdem mein Wecker bereits früh um halb fünf geklingelt hat und während meine Coaching-Kollegen noch im Tiefschlaf in ihren Hotelbetten liegen, nach München zur Untersuchung. Beim Ultraschall erlebe ich einen zuversichtlichen Dr. Hoffnung.

»Sie haben ganz schön viele Eibläschen«, sagt er, während er auf den Ultraschallmonitor blickt.

»Ist das wirklich so gut? Ich habe einen sehr dicken Bauch; wenn ich es nicht besser wüsste, würde ich denken, ich wäre ziemlich schwanger. Oder wieder eine Überstimulation. Und wenn ich den ganzen Tag auf den Stühlen sitze, tut das auf Dauer ganz schön weh.«

»Ja, ich kann mir vorstellen, dass das unangenehm ist. Aber Sie werden sehen, es lohnt sich. So wie es aussieht, werden wir am Samstag punktieren können.«

»Grmpf«, murmele ich und schicke parallel ein kleines Stoßgebet in den Himmel.

Die Tage vergehen. Johanna setzt mir jeden Morgen nach dem Frühstück im Hotelzimmer die Spritzen in den Bauch, bevor ein weiterer Tag der Ausbildung beginnt. Und die Ausbildung ist in dieser zweiten Woche doch recht intensiv.

Am Donnerstag passiert es dann. Während einer Übung, in der wir in kleineren Gruppen eine Coaching-Methode üben, kann ich nicht mehr. Ich habe nicht gut geschlafen, war früh am

Morgen wieder in München zu einer weiteren Untersuchung und fühle mich angespannt und erschöpft. Während der Übung geben meine Nerven nach. Ich sitze vor meinen Coaching-Kollegen und weine, ohne dass ich eine Chance hätte, die Tränen zu stoppen. Mein Kollege Max ist mir zwischenzeitlich sehr ans Herz gewachsen und dieses Mal mit in der Kleingruppe. Er nimmt mich fest in den Arm, als die Tränen gar nicht mehr aufhören wollen zu laufen. Er wiegt mich, spricht mir Mut zu und streicht mir über den Kopf. Ich bin dankbar für seine Zuwendung, aber gleichzeitig verstärkt sie noch meine Verzweiflung, weil ich mich so einsam und allein fühle. Max bringt mich in mein Hotelzimmer, überredet mich, mich auf das Bett zu legen, und holt mir einen heißen Tee. Als er die Tür schließt, um zur Gruppe zurückzukehren, schlafe ich vor Erschöpfung tief ein und wache erst auf, als es am Abend an der Tür klopft. Als ich öffne, blicke ich in das herzliche, besorgte Gesicht von Max.

»Wie geht es dir?«

»Ich habe geschlafen.«

»Ja, das sehe ich. Hat es dir gutgetan? Möchtest du zum Abendessen kommen oder soll ich dir einen Teller vom Büfett zusammenstellen und bringen?«

»Nein, danke, ich schaffe es schon«, sage ich und bin unfassbar dankbar, dass er bei mir ist. »Wartest du kurz auf mich? Dann muss ich nicht allein zur Gruppe gehen und Fragen beantworten, für die ich jetzt keine Kraft habe.«

Am Samstag ist es so weit, ich muss zur Punktion in die Kinderwunschklinik. Wie auch die Male zuvor bekomme ich mein Bett zugewiesen, warte auf die Punktion und erfahre auch dieses Mal wieder am Nachmittag, wie viele Eizellen entnommen werden konnten. Am Sonntag erfahren wir, dass zwei Eizellen befruchtet werden konnten – die ersten, die sich jemals befruchten ließen. In Andi und mir keimt Hoffnung auf.

Am nächsten Tag erfahren wir dann, dass sich nur eine der zwei Eizellen weiterentwickelt hat. Es heißt aber, dieser ginge es gut.

Als ich sie kurz darauf eingesetzt bekomme, bin ich allein. Eine Stunde danach darf ich schon wieder gehen und ich verlasse bei strahlendem Sonnenschein die Räume der Praxis. Weil es schon Mittag ist, beschließe ich, essen zu gehen und mir eine Pizza zu gönnen. Nachdem ich meine Bestellung aufgegeben habe und an der Johannisbeerschorle genippt habe, nehme ich mein Smartphone in die Hand.

Max, der mir in kürzester Zeit ein tiefer Seelenfreund geworden ist, hat mir eine SMS geschickt. Nachdem er mein Leid und meine Anspannung in der vergangenen Woche mitbekommen hat, fiebert er mit, ob die entnommenen Eizellen sich wohl entwickeln werden. In dieser SMS schreibt er mir, dass er hoffe, dass das kleine »hoffentlich bald Wesen« sich bei mir einniste. Er ruft ihm zu, es habe allen Grund dazu, sich bei mir wohlzufühlen, und ermahnt es, sich gut mit mir zu stellen, weil ich sicherlich die beste Mutter der Welt sei.

Sofort steigen mir die Tränen in die Augen, als ich – durch die vielen Hormone völlig durcheinander – nach vielen Enttäuschungen hoffend und dennoch mit einer sehr realistischen Einschätzung der Aussichten diese Nachricht lese. Was für eine schöne, wertvolle Freundschaft, die so selbstlos für einen da ist, wenn das gesamte Lebensglück von einem Eizellchen und dessen Entwicklung abzuhängen scheint. Diese Freundschaft bedeutet mir unendlich viel und ich bin dankbar, einen wirklichen Seelenfreund gefunden zu haben. Wenn das eines der Ergebnisse meines Kinderwunschweges ist, dann ist es im wahren Sinne des Wortes gut. Das empfinde ich auch heute noch so, viele Jahre später und mit gänzlich anderen Lebensthemen. Es ist schön, einen Freund im Herzen zu haben, der einen im wahren Kern erfasst und versteht.

Zwei Wochen später erfahren Andi und ich nach dem Bluttest, dass unser Kinderwunschweg ohne ein eigenes Kind zu Ende gegangen ist. Drei ICSIs haben wir gemeinsam durchgestanden, viele Tiefen erlebt und wenige Höhen.

»Wir haben alles probiert. Es soll nicht sein«, sagt Andi zu mir mit Tränen in den Augen.

Ich erwidere nichts; alles ist gesagt. Es ist vorbei. Es gilt, nach vorn zu schauen. Aber es wird noch eine lange Weile dauern, bis das möglich ist. Im Moment ist in mir nur eine große Leere.

Alles so oberflächlich!

»Je länger ich mich mit meiner Sehnsucht nach unserem Wunschkind auseinandersetze, desto weniger vertrage ich oberflächliche Gespräche um mich herum«, sage ich zu Andi, nachdem ich zwei Tage im Rahmen einer beruflichen Veranstaltung unterwegs war und viel Small Talk betreiben musste.

»Wie kommt's? Ist das nicht eine willkommene Abwechslung?«

»Nein. Ich habe das Gefühl, dass alle Fragen, die nicht in die Tiefe gehen und sich beispielsweise um irgendwelche Kleidungsstücke oder Banalitäten wie Erlebnisse bei Restaurantbesuchen drehen, mich überhaupt nicht erreichen. Ich setze mich seit Jahren mit ganz tief sitzenden Bedürfnissen auseinander – und dann erwartet jemand allen Ernstes, dass ich ebenso emotional reagiere, wenn mir von einem schlechten Essen beim Griechen erzählt wird. Irgendwie habe ich das Gefühl, ich wäre eine Außerirdische.«

»Du hast aber deine Wahl getroffen«, erwidert Andi. »Du hast dich entschieden, dass das Umfeld nichts von unseren Themen erfahren soll. Wie sollen sie dann wissen, was dich wirklich bewegt?«, fügt er noch an und ich bewundere wieder einmal seine Fähigkeit, die Themen in den Gesamtkontext zu setzen.

»Das stimmt schon. Ich mache ja auch gute Miene dazu und spiele allzu oft die Rolle der fröhlichen, kommunikativen, zugewandten Franziska. Ich glaube, kaum einer merkt überhaupt, dass ich vieles zu zeigen gelernt habe, ohne dass es wirklich mir als Person entspricht. Ich habe sogar das Gefühl, dass ich das mittlerweile ganz gut kann. Die wenigsten, glaube ich, haben überhaupt eine Idee davon, was mich wirklich beschäftigt.

Aber ich habe so viel Sehnsucht nach Tiefgang – ich möchte auf Augenhöhe über die Themen sprechen, die die Menschen wirklich beschäftigen. Wie kann es sein, dass wir so wenig über das reden, was uns wichtig ist?«

»Dafür braucht man Ruhe, Zeit und Muße. Und wann haben wir die denn schon? Und wann die Menschen um uns herum?«

»Ja, ich weiß schon. Ich will ja eigentlich nur sagen, dass ich mich einsam fühle in dieser Welt. Die Themen, die mir zu Ohren kommen, lassen mich in der Mehrheit innerlich müde gähnen und nach außen hin muss ich Interesse zeigen, um nicht als Sonderling zu gelten. Für die anderen dreht sich die Welt weiter; für mich bleibt mit jedem Zyklusende die Welt stehen. Und ich finde es erstaunlich, dass das niemand bemerkt. Aber für mich verstärkt sich das Gefühl dadurch noch. Das ist ganz schön anstrengend. Ich denke mir immer und immer wieder: Na, eure Sorgen möchte ich haben, und bin damit wirklich ungerecht denjenigen gegenüber. Aber ich kann auch nicht aus meiner Haut.«

»Liebling, es wird die Zeit kommen, wo du deinen Plan umsetzen kannst. Und dann musst du dich auch nicht mehr verstecken, sondern kannst deine Mission leben und etwas verändern. Wenn du willst, dass die ungewollte Kinderlosigkeit mit allem, was damit einhergeht, eine andere Stellung in der öffentlichen Sicht bekommt, dann musst du dafür etwas tun. Und bis dahin hilft es dir vielleicht, wenn du dich schützt, indem du dich an diesen Gesprächen beteiligst – aber innerlich dir gut zuredest und dir erklärst, weshalb du im Moment noch so agierst.«

»Du hast recht«, sage ich und küsse Andi auf die Stirn. Ich werde es aushalten und mich weiterhin nicht vollends von meinen Mitmenschen abwenden. Ich werde mich weiterhin dem Small Talk zuwenden und den Kontakt nicht abreißen lassen, in dem Wissen, dass die Menschen, die mir gegenüberstehen, es nicht böse meinen, sondern schlicht nichts von meinen Themen und meiner Sehnsucht nach Tiefgang wissen. Woher sollen sie denn wissen, welche Fragen ich Tag für Tag in mir bewege, wenn ich sie (noch) nicht teilhaben lassen möchte? Und mögen tue ich sie ja trotzdem; ja, ich mag die Menschen, mit denen ich viel zu tun habe. Auch wenn ich mich und sie durch das Weglassen der vollen Wahrheit schütze.

»Sei gnädig mit den Menschen um dich herum. Aber begegne auch dir selbst mit dem Respekt, den du anderen Menschen entgegenbringst. Bleib im Kontakt mit ihnen – aber auch mit deinen Bedürfnissen. Sorge gut für dich und deine Seele, dann kannst du auch gut mit den Themen deiner Mitmenschen umgehen. Auch wenn es nicht die sind, die du in deinem Herzen bewegst«, erinnert mich Andi an Weisheiten, die ich in den letzten Jahren gesammelt und auf kleinen Aufklebern an meinen Badezimmerspiegel geklebt habe. Als ich diese Worte aus seinem Mund höre, weiß ich, dass dies die besten, weisesten Tipps sind, die uns durch das Leben mit all seinen Sehnsüchten, Träumen und Unsicherheiten helfen.

Adoption und Pflegekind, Spermaspende und Eizellspende

Monate später haben wir die Leere der ungewollten Kinderlosigkeit in uns noch immer nicht gefüllt. Wir haben zwar wieder unseren Alltag aufgenommen, sind aber immer noch nicht in der Lage, das Thema hinter uns zu lassen. Ich spüre die Nachwirkungen der vielen Hormone, habe immer noch das Gefühl, nicht ich selbst und kaum belastbar zu sein. Wenn ich etwas Anstrengendes unternehme – und ich bin schnell sehr angestrengt –, brauche ich viel länger als ein »normaler Mensch«, um wieder zu Kräften zu kommen. Ich bin ausgelaugt und ich habe das Gefühl, dass mein persönlicher Akku sich besonders schnell entlädt, sich aber dann erst viel langsamer wieder aufladen lässt als bei den Menschen in meinem Umfeld.

Mein neuer Job fordert mich und lenkt mich ab. Aber wenn Kollegen glücklich berichten, dass sie ein Kind bekommen, zerreißt es mir innerlich das Herz. So sehr ich mich mit ihnen freue, so sehr hält es mir auch einen Spiegel vor. Wenn Freunde uns einladen, finden wir Entschuldigungen, weshalb wir zwar gern kommen würden, aber leider, leider zum angefragten Termin bereits verplant sind. In unserer freien Zeit sind wir zu Hause, lediglich Spaziergänge an der frischen Luft bringen uns etwas Abwechslung. Wir sind dermaßen erschöpft von den Strapazen der zurückliegenden Jahre, dass wir uns kaum vorstellen können, uns jemals wieder vollständig davon zu erholen.

Es ist keine leichte Zeit und einzig die Wochen, in denen ich zu den Blockwochen der Coaching-Ausbildung in den Alpen bin, helfen mir, zur Ruhe zu kommen und Kraft zu tanken.

Meine Freundin Jule ist die Zweite, die mir in dieser schweren Zeit innig ans Herz wächst. Sie ist für mich eine warmherzige, kluge, liebevolle Gesprächspartnerin, die mir weise Impulse gibt. Bis heute ist sie eine meiner engsten und liebsten Freundinnen. Mit ihr spreche ich meine Gedanken und Gefühle durch und muss keine Sorge haben, dass ich sie durch nicht abgewogene Worte verletze.

In dem innigen Austausch mit ihr kann ich das sagen, was ich fühle, ohne Andi schützen zu müssen oder auf ihn Rücksicht zu nehmen. Andi und ich haben so viel gesprochen, aber der Ehemann ist im Rahmen des Kinderwunsches selbst ein Betroffener. Und obwohl es ein dermaßen starkes und wichtiges Thema innerhalb der Partnerschaft ist, so merke ich nach den langen Jahren, in denen wir nur zu zweit darüber gesprochen haben, dass es wichtig und richtig ist, auch Gesprächspartner zu haben, mit denen man einfach nur über seine eigene Sicht der Dinge sprechen kann. Zur Entlastung beider Seiten und der Partnerschaft an sich.

Jule und ich sprechen viel am Telefon und bei einem dieser Telefonate kommt die Frage nach weiteren Möglichkeiten auf, um ein Kind bei uns begrüßen zu dürfen.

»Hast du schon mal überlegt, dass es ja auch noch andere Möglichkeiten gibt, ein Kind in eurem Leben zu haben? Zum Beispiel gibt es doch die Möglichkeit, ein Pflegekind aufzunehmen und auf seinem Weg ins Leben zu begleiten«, sagt Jule eines Tages.

»Ja, schon, aber ich kenne mich da gar nicht aus. Meinst du, ich sollte mich darüber informieren?«, frage ich sie.

Sie antwortet mir mit dem eher allgemein gehaltenen Rat, dass Informationen die Grundlage für gute Entscheidungen seien, und ich weiß, dass sie recht hat. Wieder einmal ein weiser

Impuls von ihr. Ihre Klugheit und ihre Fragen, die mir einen Perspektivenwechsel ermöglichen, ohne Vorgaben unter dem Deckmantel von Ratschlägen zu machen, sind wie das Salz in meiner Suppe, wenn ich denke, dass das Leben fad schmeckt.

Und so beginne ich mich zu informieren: über Pflegekinder und Adoptionen bis hin zu Fremdspermaspenden und Eizellspenden. Die Möglichkeit, Pflegekinder in Obhut zu nehmen, verfolge ich nicht weiter, als ich erfahre, dass diese Kinder jederzeit von den Ämtern wieder abgeholt werden können, wenn sich neue Sachverhalte ergeben. Der Gedanke wäre mir unerträglich! Adoption klingt verlockend, wenn man sich aber näher mit dem Thema beschäftigt, erfährt man sehr schnell, dass es gar nicht so einfach ist, in Deutschland ein Kind zu adoptieren. »Adoptiert doch ein Kind«, ist ein faktisch kaum umsetzbarer Ratschlag, den ungewollt Kinderlose leider nur zu oft hören. Es ist nicht leicht, ein Kind zu adoptieren. Entgegen früheren Zeiten gibt es – durch unsere Familienpolitik und vielfältige Unterstützungsangebote, aber auch den Wandel der Haltung in unserer Gesellschaft, dass uneheliche Kinder heute kein Makel mehr sind – kaum noch Kinder, die zur Adoption freigegeben werden. Dazu kommt, dass die Jugendämter in unserem Land dezentral organisiert sind und nur die Bewerbung bei einem Jugendamt möglich ist, nämlich dem am eigenen Wohnort. Ich bin einigermaßen überrascht zu erfahren, dass man sich nicht selbst bei den vielen anderen Jugendämtern bewerben kann und dass die »Zuteilung« eines Kindes vollkommen in den Händen der zuständigen Mitarbeiter liegt. Außerdem heißt es, dass die Wahrscheinlichkeit einer solchen »Zuteilung« deutlich sinke, wenn man den vor Ort zuständigen Jugendamtsmitarbeiter um die Weiterleitung der Bewerbungsunterlagen an ein anderes Jugendamt bitte. Ob das stimmt, lässt sich für mich nicht nachprüfen; plausibel erscheint es mir allemal. Wartezeiten, Altersgrenzen und weitere Herausforderungen lassen mich eine Wahrscheinlichkeitsstatistik aufstellen, die uns nahelegt, auch diesen Gedanken für uns zu verwerfen. Mit dem Thema Auslandsadoption beschäftigen wir uns intensiv, verwerfen aber auch diese Option. Zu stark ist für uns der emotionale Eindruck auf Basis unserer Werte, dass man in letzter Konsequenz doch ein Kind »kauft«, auch wenn das faktisch nicht belegbar bist und die Organisationen oftmals die Verwendung der finanziellen Mittel offenlegen und in aller Regel sehr verantwortungsbewusst arbeiten. Aber aus unserer persönlichen Perspektive und unseren Werten heraus verwerfen wir nach einer langen und intensiven Prüfungsphase diese Möglichkeit.

Bleiben die Möglichkeiten der Fremdsperma- und Eizellspende.

»Ich verstehe es nicht!«, rufe ich Andi über mein aufgeklapptes Notebook hinweg ziemlich aufgebracht zu. Seit Stunden sitze ich bereits davor und recherchiere.

»Was verstehst du nicht?«, fragt Andi interessiert zurück.

»Ich verstehe nicht, weshalb Sperma in Deutschland unter Auflagen gespendet werden darf, Eizellen hingegen nicht. Letzten Endes sind beides doch ›nachwachsende Rohstoffe‹, obwohl mir diese Betrachtungsweise und Formulierung eigentlich fern liegen. Für uns waren Sperma und Eizellen die letzten Jahre das wichtigste Gut. Aber mal im Ernst: Beides sollte doch gespendet werden dürfen! Wo ist denn da der Gleichheitsgrundsatz, wenn das eine weitergeben werden darf und das andere nicht – obwohl beides reproduzierbar ist?«, rede ich mich mal wieder in Rage. Und ich meine in Andis Reaktion Zustimmung zu erkennen.

Nachdem wir das Thema immer wieder besprochen und über die Auswirkungen von solcherlei Spenden (die im Ausland durchaus möglich sind) diskutiert haben, verwerfen Andi und ich nach weiteren langen Monaten des unerfüllten Kinderwunsches auch diese letzten Optionen, um ein Kind zu bekommen. Es ist vorbei. Wir haben alles getan, was möglich war.

Teil 3:
Mit Hoffnung das
Leben gestalten

Die Lücke im Leben bleibt – und Fragen fordern Antworten ... von uns und von der Gesellschaft

Weit über fünfzig sogenannte Übungszyklen, also Zyklen, in denen wir hofften, dass ich schwanger werden würde, liegen hinter uns. Weit über fünfzig Monate Hoffen, Bangen, Trauern – im Abstand von nur wenigen Tagen. In unserer Kultur kennen wir das Trauerjahr. Vielleicht kann man den Tod eines Menschen, der den Anfang eines solchen Trauerjahres klassischerweise darstellt, nicht mit der Trauer vergleichen, die entsteht, wenn der archetypische, natürliche Kinderwunsch sich wieder einmal nicht erfüllt hat und die einsetzende Periode das deutlich sichtbar macht. Aber Parallelen erkenne ich doch. Diese ständige Hoffnung, dass es in diesem Zyklus endlich klappt, wird nur wenige Tage später durch tiefe Trauer ersetzt. Die Abstände werden immer enger, die Abwärtsspirale nimmt immer schneller Fahrt auf. So lange, bis irgendwann nur noch Trauer und Hoffnungslosigkeit da sind, eingebettet in eine große Leere und Einsamkeit.

Wenn ich die Hormone, Spritzen und Tabletten, die ich mir in dieser Zeit selbst verabreichen musste, aneinanderreihen sollte, würde die Strecke vermutlich viele Kilometer betragen. Und dennoch ist unser Weg jetzt vorbei. Unwiederbringlich. Aus. Andi und ich ... und kein Kind. Unser Traum hat sich nicht erfüllt. Wir müssen lernen zu sagen: Allein sind wir uns genug. Unsere Glückszahl ist und bleibt die Zwei.

Dennoch: Die Lücke wird Andi und mir als Paar ein Leben lang bleiben. Die Lebensphasen, durch die wir – wie andere Menschen auch – gehen, werden bei uns anders verlaufen als bei unseren Freunden. Unsere Freunde haben jetzt kleine Kinder. Wenn diese Kinder heranwachsen, werden sie andere Themen haben als wir zur gleichen Zeit in ein paar Jahren. Wenn die Kinder aus dem Haus gehen, werden meine Freundinnen und ich vermutlich in den Wechseljahren sein. Wenn die Kinder selbst Kinder bekommen, werden unsere Freunde glücklich sein über ihre Enkel und vermutlich viel Zeit in sie investieren. Wenn wir betagter werden und Hilfe benötigen, werden wir keine Kinder haben, die uns zur Seite stehen oder Unterstützung für uns organisieren. Sollten wir das Glück haben, gemeinsam und gesund zu altern, werden wir für uns selbst sorgen können. Sollte das nicht der Fall sein, müssen wir andere Antworten finden. Sollte es irgendwann um die Frage gehen, wer entscheiden darf, ob Maschinen abgestellt werden, die uns am Leben erhalten, sind es nicht wie bei vielen anderen Menschen die Kinder, die das entscheiden. Wir haben diese Kinder nicht – aber die Fragen werden trotzdem kommen. Die Antworten, die wir auf diese Fragen werden geben müssen, können wir weitgehend heute noch nicht beantworten.

Zwei der insgesamt sechs Millionen Menschen in unserem Land, bei denen sich der Kinderwunsch nicht unbeschwert erfüllt, bleiben dauerhaft ungewollt kinderlos. Für sie wird die Kinderlosigkeit neben der persönlichen auch noch eine politische und gesellschaftliche Fragestellung, auf die Antworten gefunden werden müssen.

Wir haben keine Kinder, obwohl wir uns nichts sehnlicher gewünscht haben. Diese Lücke wird immer Teil unseres Lebens bleiben und der Schmerz darüber wird in Wellen verlaufen. Es wird Phasen in unserem Leben geben, in denen die Kinderlosigkeit nicht wichtig ist. Es werden Phasen in unserem Leben kommen, wo sie uns vermutlich sehr tief beschäftigen wird. Und wir werden uns darauf einstellen müssen, dass die Trauer über das Nicht-Ereignis Kind uns ein Leben lang begleiten wird. Aber wir werden Antworten und innere Stärke und Kraft finden, mit ihr umzugehen. So wie wir das auch in den letzten Jahren getan haben, als wir noch an unseren Traum vom eigenen Kind geglaubt haben.

Tabuthema
Kinderwunsch in der
Multioptionsgesellschaft

»Von Frauen, die vor dreißig Jahren nicht schwanger wurden, höre ich, dass man damals viel offener mit dem Thema umging. Man konnte häufig darüber sprechen und war sich des Mitgefühls ziemlich sicher. Ich habe den Eindruck, dass das heute anders ist. Der sich nicht erfüllende Kinderwunsch ist heute weniger Thema, als das vor dreißig Jahren der Fall gewesen zu sein scheint. Weshalb ist das so?«, frage ich Andi.

Für mich ist der Wechsel aus dem eigenen Erleben hin zu einer gesellschaftlichen Betrachtung des Themas heilsam. Leider muss Andi das aushalten und meine Fragen mit mir durchdenken, obwohl mir bewusst ist, dass mir diese Perspektive wichtiger ist als ihm. Ich habe nun eine Weile für mich immer wieder darüber nachgedacht und nun ist der Zeitpunkt gekommen, ihn an meinen Überlegungen teilhaben zu lassen.

»Ich glaube, früher gab es schon aus medizinischer Sicht viel weniger Optionen. Wenn eine Frau vor dreißig Jahren nicht schwanger wurde, dann konnte sie relativ wenig dafür beziehungsweise dagegen tun. Es war so – und in der Regel musste sie lernen, damit zu leben. Heute ist das anders: Heute ist die Reproduktionsmedizin so weit und so voller Optionen. Ich glaube nicht – und inzwischen ist das ja auch breit erforscht –, dass uns diese Multioptionsgesellschaft mit all den Möglichkeiten im Allgemeinen und zum Thema Kinderwunsch im Speziellen glücklicher macht«, sage ich und trinke einen großen Schluck aus meinem Wasserglas. Ich hätte noch viel mehr zu sagen. »Wer viele Optionen hat, muss auch genauso oft seine persönliche Wahl treffen und sich festlegen. Und um seine Wahl zu treffen, muss man sich tief mit sich selbst, den eigenen Werten, aber auch den Konsequenzen der Entscheidung und des daraus folgenden Handelns beschäftigen. Aber vor allem muss man erst einmal die Informationen zusammentragen. Es ist schön, es ist ein Segen, dass wir in solchen Fällen das Internet haben. Aber für die Multioptionsgesellschaft ist es auch eine Last. Denn man kommt doch kaum an den Punkt, an dem man sagen kann, jetzt weiß ich alles zu dem Thema. Wir tauchen immer tiefer ein. Und je mehr wir eintauchen, desto mehr Optionen tun sich auf. Wie wissen wir denn, wann es Zeit ist, zu entscheiden? Wie wissen wir, dass wir jetzt alles wissen, was wir wissen müssen, um eine abgewogene Entscheidung zu fällen? Und *wenn* ich irgendwann entscheide, dann muss ich damit leben, dass ich zu einem späteren Zeitpunkt mit mehr Wissen vielleicht anders entschieden hätte. Das verunsichert doch massiv. Und gerade beim Kinderwunsch ist es doch in besonderem Maße so: Wenn ein Paar für sich überlegt, welche reproduktionsmedizinischen Maßnahmen es innerhalb des eigenen Wertegerüsts verantworten kann, dann finden sich garantiert viele andere Menschen, die zwar Zugang zu den gleichen Informationen haben, aber ganz andere Schlüsse daraus ziehen. Gerade auch in den ganzen Internetforen rund um den Kinderwunsch ist das besonders stark zu sehen.«

Andi schaut mich mit großen Augen an. So viel am Stück argumentiere ich selten mit mir – jedenfalls selten, wenn ich spreche.

»Warte noch einen Moment, ich bin nämlich noch nicht fertig. Also: Vor dreißig Jahren wurde eine Frau nicht schwanger, hatte nicht viele Optionen und musste deshalb damit leben lernen, dass sie kein Kind bekommt. Ich bin sicher, sie haben damals wie heute darunter gelitten, und sicher ist auch die eine oder andere Frau durch ihre Kinderlosigkeit tief unglücklich geworden. Das ist mir klar, aber ich kann es nicht mehr ändern. Heute jedoch haben wir unfassbar viele Möglichkeiten, Frauen zu Schwangerschaften zu verhelfen. Und das bedeutet auch, dass sie innerlich gut aufgestellt sein müssen, um zu entscheiden, wie weit sie gehen wollen – welche Maßnahmen sie für sich mittragen können und wo ihre Grenzen sind. In Zeiten, in denen uns suggeriert wird, dass nahezu alles möglich ist, ist es schwer, seine eigenen Grenzen zu definieren und dann auch noch durchzusetzen. Mich macht es fassungslos, dass wir in einer Gesellschaft leben, die medizinisch viel ermöglicht – gut, weniger als im Ausland –, aber gleichzeitig so tut, als wären das leichte Entscheidungen. Psychische Hilfestellungen bieten wir den Betroffenen – außerhalb einer klassischen Therapie – gar nicht erst an und dazu vermeiden wir noch weitgehend die gesellschaftliche Debatte über das Thema und seine Auswirkungen. Aus meiner eigenen Erfahrung und den Belastungen und Anstrengungen, die wir auf uns genommen haben, muss ich leider sagen, dass das fatal ist. Es gibt immer Menschen, die es allein schaffen. Aber bei der gesellschaftlichen Relevanz – immerhin circa sechs Millionen Menschen in unserem Land – können wir doch nicht darauf vertrauen, dass es alle allein schaffen. Warum werden reproduktionsmedizinische Maßnahmen von den Krankenkassen genehmigt, ohne dass die psychosoziale Begleitung ebenso anteilig übernommen wird? Wollen wir es uns allen Ernstes auf Dauer leisten, dass etwa zwei Millionen Menschen auf einer tiefen, persönlichen Ebene lebenslang eine Lücke großen Ausmaßes mit sich herumtragen, weil sie kinderlos sind und wir als Gesellschaft nie Angebote auf der psychosozialen Ebene geschaffen haben? Wollen wir so tun, als hätte das keine Auswirkungen auf unsere Gesellschaft und unser Miteinander – von den sozialen Sicherungssystemen mal ganz zu schweigen? Alle Welt redet vom Burn-out. Über den unerfüllten Kinderwunsch wird viel zu wenig gesprochen. Wenn man zugrunde legt, dass ein Kernsymptom des Burn-out die Depression ist, dann sind wir beim Kinderwunsch häufig auf einem ähnlichen seelischen Niveau – ohne dass ein Hahn danach kräht. Das darf auf die Dauer nicht so bleiben!«

Andi sieht mich an, nimmt mich in den Arm und sagt: »Spatzl, du hast recht. Du hast so recht. Aber du kennst meinen Leitspruch, dass Jammern nichts hilft, sondern dass man anpacken muss, wenn man erkennt, dass etwas falsch läuft. Wer einen Missstand erkennt, muss handeln. Wenn du etwas ändern möchtest, dann tu es. Du kannst es – also leg los!«

Unter jedem Dach ein Ach – der Makel der Kinderlosigkeit

Authentizität ist das Zeichen der Zeit. Längst sind wir weggekommen von den glattgebügelten Lebensläufen, die noch vor Kurzem so wichtig erschienen. Am besten präsentiert man sich ohne Ecken und Kanten und den vorgezeichneten Pfaden des Lebens folgend. Ich habe die besten Voraussetzungen gehabt, schöne Erfolge erzielt und meine Chancen genutzt – und bin an der Messlatte des Kinderwunsches gescheitert. Kein Kind – kein Erfolg – keine Familie. Jedenfalls nicht im klassischen Sinn.

Das ist meine Ecke, meine Kante. Und eine, die mein Leben heute reicher macht, als ich jemals gedacht hätte.

Vielen Ratschlägen zum Trotz habe ich mich irgendwann entschieden, offen mit dem Thema umzugehen – auch wenn sonst viele nur hinter vorgehaltener Hand darüber sprechen. Ich will mich nicht länger verstecken und die Coaching-Ausbildung, die auch aus so viel Selbstreflexion, eigenen Ängsten und Zwängen und bis dato unveränderbar erschienenen eigenen Einstellungen bestand, hat mir klargemacht: Ich will nicht länger nach den Maßstäben anderer Menschen leben, sondern auch zu meinen Ecken und Kanten und den Punkten in meinem Leben stehen können, die nicht nur strahlend sind. Je mehr ich mich mit dem beschäftige, was Menschen auszeichnet, desto mehr denke ich, dass es gerade die Hürden sind, die Menschen zu dem machen, was sie sind. Und wir sind ein Paar ohne Kinder – das sich immer ein anderes Leben gewünscht hat. Aber unser Kinderwunschweg ist nun zu Ende und ich beginne, offen über diese Lücke in unserem Leben zu sprechen.

»Es ist kein einfacher Weg, den wir da gewählt haben«, sage ich zu Andi, als wir eines Tages im Frühling bei den ersten warmen Sonnenstrahlen draußen in einem Café sitzen. »Aber wer bin ich denn, dass ich meine größte Sehnsucht – den Wunsch nach einem Kind – verschweigen muss? Nur weil andere Menschen glauben, sie könnten mich dafür bewerten oder sogar abwerten? Ich will das nicht hinnehmen – nicht solange diese Menschen nicht wenigstens einen Teil meines Weges gegangen sind. Ich will ich sein können – und mich nicht für das verstecken müssen, was in meinem Leben nicht nach Plan gelaufen ist.

»Aber vielleicht ist es noch nicht so weit, dass man mit dem Arbeitgeber über den unerfüllten Kinderwunsch und die Kinderwunschbehandlungen sprechen kann, ohne Nachteile befürchten zu müssen. Zumal diese Behandlungen so viel Zeit kosten«, gibt Andi zu bedenken.

»Mag schon sein. Das kommt später. Aber ich will jetzt daran mitwirken, dass ein unerfüllter Kinderwunsch kein Tabuthema mehr in unserer Gesellschaft ist«, gebe ich zurück. »Und ich habe in der Coaching-Ausbildung – im geschützten Rahmen der Teilnehmergruppe, zugegeben – nur positive Erfahrungen gemacht, wenn ich offen darüber gesprochen habe. Außerdem tut es mir gut, mich nicht mehr verstecken zu müssen und mir ständig Ausreden einfallen lassen zu müssen, warum ich dies oder jenes jetzt gerade nicht möchte. Partys. Einen Cocktail. Und und und. Ich will einfach offen sagen können, was meine Lebenswahrheit ist. Ich mag mich einfach nicht mehr verstecken, ich will authentisch so sein dürfen, wie ich bin, mit Ecken und Kanten. Und eben auch mit dem unerfüllten Kinderwunsch.« Während ich spreche, merke ich, dass ich mich immer noch schwer damit tue, die Emotionen abzugrenzen und nur für mich zu sprechen.

Ich möchte nicht mehr nur ein Bild von meinem Leben abgeben, das in kleinen, präzisen Strichen perfekt gezeichnet wurde und in die Umgebung passt, in der es hängen soll. Ich will mein Leben leben – nach meinen eigenen Standards. Und dazu gehört, dass ich *ich* sein darf – nicht rund und glatt gebügelt, sondern die Schönheit von Kanten und Dellen in der Hoffnung des Lebens gestaltend. Dafür brauche ich Menschen um mich herum, die das genauso sehen. Menschen, die das Ungewöhnliche und Unerwartete, das, was aus der Reihe tanzt, als Auszeichnung und Echtheit und damit Qualitätsmerkmal werten.

Wähle deine Einstellung oder: »Energie folgt der Aufmerksamkeit«

Bei einem unserer nächsten Spaziergänge entfährt mir der nächste Satz – ohne dass ich ihn geplant oder lange abgewogen hätte. Vielmehr noch, er kommt aus meinem Mund, als wir eigentlich über die Schönheit des Waldes sprechen, wenn das Licht sich in den Baumkronen bricht und den Waldboden in dieses warme Licht taucht.

»Ich möchte doch einfach nur glücklich sein!«

Die Sonne scheint und die Wipfel der Buchen wiegen sich im Wind.

Als ich dieses innere Bedürfnis, glücklich zu sein, näher betrachte, merke ich, dass ich wirklich bereit war, für meinen Traum vom Kind viel Leid und Kampf zu akzeptieren. Die Literatur ist voll von dem Gedanken, dass man glücklich wird, wenn man sich zur Erreichung des eigenen Ziels genug anstrengt. Nun, das habe ich wahrlich getan. Aber es gehört auch zum Leben zu akzeptieren, dass jedes Ziel einen Preis hat. Wir mögen unsere Ziele; sie schenken uns eine Auszeit vom Hier und Jetzt und fokussieren uns auf die Zukunft. Aber zur Erreichung jedes Zieles gehört es eben auch, Rückschläge und oftmals einen gehörigen Aufwand in Kauf zu nehmen. Niemand bekommt einen durchtrainierten Körper, nur weil er daran denkt. Nein, der Weg ist deutlich mühseliger: Ernährungsumstellung und viele Stunden beim Sport. Das ist ein guter Vergleich zum Kinderwunsch, ich habe ihn im Internet gelesen.

Wer nur sein Ziel vor Augen hat, ohne sich zu fragen, wie er dem Einsatz, der zur Erreichung notwendig ist, auf eine positive Art und Weise begegnen will – auch und gerade, wenn es schwierig wird –, wird kein ausgeprägtes Glück auf diesem Weg empfinden und mit aller Wahrscheinlichkeit das Ziel auch nicht erreichen. Beim Thema Kinderwunsch ist das besonders schwierig, denn die eigentliche Erreichbarkeit des Zieles, ein Kind zu bekommen, liegt ja nur bedingt in unserer Hand.

Was wir aber in der Hand haben, ist die Haltung, mit der wir den Strapazen auf diesem Weg begegnen. Und wir haben es, wie ich jetzt, in der Hand, unseren Weg zum Abschied vom Kinderwunsch zu gestalten und ihm auf eine warme, aber dennoch klare Art Lebewohl zu sagen. Er war so lange ein Teil von uns; wir bereuen ihn nicht – aber jetzt darf er friedlich gehen. Damit wir Frieden finden. An diesem Punkt, ab dem ich mich vom Kinderwunsch verabschiede und in mein »neues Leben ohne Kind« finde, kann ich entscheiden, wie ich mit Strapazen, Rückschlägen und der damit einhergehenden Lücke in meinem Leben umgehen möchte, im Moment und dauerhaft. Denn: Ich weiß, dass ich immer eine Wahl habe.

Zu Andi sage ich: »Weißt du, wenn wir jetzt in unser gemeinsames kinderloses Leben starten, dann möchte ich einen Weg finden, glücklich dabei zu sein. Gelitten habe ich lange genug. Mitleid hatte ich auch genug mit mir selbst und uns. Wir machen uns auf den Weg – und mit dem möchte ich besser umgehen als mit dem bisherigen. Ich höre immer wieder den Spruch: ›Energie folgt der Aufmerksamkeit.‹ Ich möchte mich wieder kraftvoll, zuversichtlich und positiv fühlen. Wenn an diesem Satz etwas dran ist, dann bedeutet das, dass ich darauf achten muss, wo ich meine Energien investiere. Ich habe nicht mehr viel Kraft – aber die möchte ich auf das lenken, was gut ist. Ich habe das schon ganz gut geschafft! Die letzten Wochen habe ich mich bei jedem – vor allem aber den traurigen, schlechten, zweifelnden – Gedanken gefragt, ob er hilfreich ist, mich weiterbringt, mir Kraft gibt, mich inspiriert, voranzugehen, und auch, ob er freundlich mir selbst gegenüber formuliert ist. Wenn das nicht zutraf, dann habe ich ihn hinterfragt, gewendet, abgeändert oder umformuliert. Ich habe schließlich die Wahl – und das möchte ich nutzen; für mich. Es gibt diesen einen Hauch einer Sekunde, in dem du deinen Gedanken erwischst, bevor er sich zementiert hat, und du noch eine Chance hast, ihn abzufangen, bevor er eine Wahrheit in dir entfaltet. Ich übe und übe. Und es ist doch ganz erstaunlich, was passiert, wenn man mit sich selbst in einer ermutigenden Art und Weise spricht!«, freue ich mich. »Ich bin bereit, den Weg in die Kinderfreiheit zu gestalten. Und weil mir das Ziel, auch ohne Kind zufrieden zu leben und Gründe für Dankbarkeit zu haben, so wichtig ist, bin ich auch bereit, Rückschläge und Wellen der Traurigkeit zu akzeptieren. Aber ich frage mich ab sofort, ob ich bestimmte Gedanken jetzt gerade zulassen oder auf später verschieben möchte. Ich mache mir meine Gedanken bewusst und schütze mich, indem ich sie gelegentlich umkonstruiere. Und das Coole ist, dass es funktioniert. Nicht von heute auf morgen, aber ich habe gelesen, dass wir etwa zwanzig Tage brauchen, um ein neues Verhalten in uns zu verankern. Ich sage dir: Es sind eher an die hundertzwanzig Tage bei einem so tiefgreifenden Verhaltenswandel. Und ich glaube, auch sie reichen in diesem Fall nicht aus, aber es ist ein Prozess. Einer, von dem ich felsenfest überzeugt bin, dass er mich glücklich und dankbar macht. Weil ich das Ziel, aber auch den Schmerz auf dem Weg akzeptiere und annehme!«

Die liebsten Freundinnen

Das Telefon klingelt, während ich Auto fahre. Ich wechsele auf die rechte Spur und nehme das Gespräch an. Ich bin froh, dass ich in Ermangelung einer Freisprechanlage schon vor der Abfahrt einen Kopfhörer ins Ohr gesteckt habe – so kann ich schnell reagieren, während ich mich schon freue, die Stimme meiner Freundin zu hören. Jule ist dran. Sie weiß, dass ich heute eine lange Fahrt vor mir habe, und will mir die Zeit verkürzen. Mich freut das, denn Jule ist klug, schön, mitfühlend und ehrlich. Wir plaudern, weil gerade nichts Wichtiges auf ihrer und meiner Agenda steht – jedenfalls nichts, was außergewöhnliche Maßnahmen erfordern würde. Bei zwei Freundinnen ist das eine gar nicht so normale Situation. Dies und das kreuzt unser Gespräch und sie erzählt, dass sie mit ihrem Neffen einen Ausflug in den Wildpark gemacht hat. Während sie berichtet, dass der Kleine vor den Wölfen dann doch Respekt gezeigt hätte, erinnere ich mich daran, wie viel Angst ich über die Jahre ausgehalten habe. Die größte Angst war immer: Und was, wenn es nicht klappt? Was, wenn ich nie das Wunschbaby bekommen werde?

Dieses Damoklesschwert hing dauerhaft über meinem Kopf und ging nie weg, sooft ich auch versuchte, es abzunehmen und in Samt gebettet in eine Schatulle zu legen. Nie wusste ich, wie lange die dünnen Seile noch durchhalten würden, bevor sie reißen würden, sodass das Schwert ungebremst auf mich herabsausen würde.

Angst ist kein guter Ratgeber.

»Was würdest du tun, wenn du keine Angst hättest?«, fragte mich Jule, die mir im Herzen so nahe ist, immer wieder, obwohl wir manchmal sehr unterschiedliche Meinungen haben. Sie ist mit mir, wenn sie zu Besuch bei uns war, oft Kilometer bei Sonne, Schnee, Regen, Hagel, im Frühling, im Sommer, im Herbst und im Winter spazieren gegangen, um wieder und wieder darüber zu sprechen, wie ich mich fühle.

Eine Studie hat herausgefunden, dass wir Anstrengungen – wie zum Beispiel eine Bergtour – um 15 Prozent weniger anstrengend finden, wenn wir sie gemeinsam mit einem Freund bewältigen. Weil der Körper dann vermehrt Cortisol, das Anti-Stress-Hormon, ausschüttet. So ist auch Jule: Sie zeigte auf eine ganz wunderbare, für sie typisch warmherzige Art Verständnis, wenn die Kinderwunsch-Hormone es mal wieder schafften, mich in ein anderes Wesen zu verwandeln, bis ich kaum mehr meinen Namen wusste. Sie war – und ist – für mich da, mit dem Herzen am rechten Fleck, mit ihrer besonderen Art, durch Fragen Verständnis zu schaffen und so mitzuhelfen, dass ich innerlich die Themen sortieren kann. Ohne Mitleid – aber mit viel Mitgefühl.

Ihr kann ich erzählen, wenn es mir gut geht und wenn es mir schlecht geht. Sie urteilt nicht, sondern stellt Fragen – und oftmals sind sie so klug, dass ich allein durch die Antworten auf ihre Fragen mein Erleben neu sortieren und einordnen kann.

Jule ist nicht die einzige Freundin, die den Kinderwunsch-weg mit mir gegangen ist. Aber dadurch, dass wir trotz der räumlichen Distanz so viel telefonieren, ist sie sicherlich am intensivsten eingebunden gewesen. Meine lieben Freundinnen in Berlin, Sophia und Hannah, haben mir über die Zeit immer wieder zugehört und Mut zugesprochen und haben intensiv Anteil genommen. Sie haben die Dinge beim Namen genannt und nicht versucht, das, was ich erlebe, zu relativieren oder wegzuargumentieren. Sie waren bei mir – und hörten mir zu. Die eine hat sich lange Zeit Kinder gewünscht und ist nun endlich gesegnet mit ihrer ersten Schwangerschaft, über die ich mich von Herzen mitfreue, schließlich werde ich ja dadurch gefühlt Tante; die andere Freundin hat in den Jahren selbst drei Mädchen bekommen. Wie unterschiedlich sie sind, zeigte sich in den Gesprächen während meiner Kinderwunschzeit. Jede Freundin hat ihr eigenes Erleben, ihre eigene Sicht und ist jeweils genau damit eine große Unterstützung. Ich erinnere mich daran, als Hannah mit ihrer ersten Tochter schwanger war und monatelang unter so starker Schwangerschaftsübelkeit litt, dass ihr Mann, der werdende Vater, zu Hause nichts mehr essen durfte, weil schon der Anblick von Essen bei ihr Brechreiz auslöste. Ich fühlte sehr mit Hannah mit und gleichzeitig machten wir Witze darüber, dass es eben nicht nur schöne Seiten habe, schwanger zu sein und ein Kind zu bekommen. Diese Art des Umgangs mit unseren zwei so verschieden verlaufenden Leben ermöglichte die Fortführung der Freundschaft und gleichzeitig eine Relativierung meiner eigenen Kindersehnsucht. Denn oft war es so, dass ich nur über die schönen Seiten des Kinderhabens nachdachte und diese herbeisehnte. Hannah und ich sind im Dialog geblieben und haben uns teilhaben lassen – auch an den nicht so schönen Seiten des Lebens. Wir haben es damit geschafft, uns die Tiefe der Freundschaft zu erhalten – trotz sich stark verändernder Lebensrealitäten. Wir haben aber auch gegenseitig dafür gesorgt, dass wir uns fragten, was die jeweils andere gerade »ertragen« kann, bevor wir begannen, über das zu berichten, was uns beschäftigte. So ist die Nähe geblieben.

Die Kinder unserer Freunde

Wir haben alles versucht, um eigene Kinder zu bekommen. Und es sollte nicht sein. Ich hatte die Wahl. Ich hätte in Sack und Asche gehen können, trauern und mein lebensfrohes Leben für beendet erklären, weil sich mein sehnlichster Wunsch nicht erfüllt hat. Aber ich habe mich anders entschieden, ganz bewusst, und bin den – bisweilen durchaus steinigen – Weg gegangen, der mich dahin geführt hat, wo ich heute bin: kinderlos glücklich, erfüllt und fröhlich – jedenfalls meistens.

Weil ich mir aber nicht alles, was mit Kindern zu erleben ist, versagen will, habe ich einen Weg gefunden, mit der Kinderlosigkeit umzugehen. Ich lade immer wieder die Kinder einer Freundin ein. Früher war es nur die Älteste, die ich zum »Mädchenwochenende« eingeladen habe, inzwischen sind es sie und ihre jüngere Schwester und ihr jüngerer Bruder. Drei Kinder im Alter zwischen sechs und elf Jahren. Alle auf einmal – für achtundvierzig Stunden. Andi und ich und drei Kinder.

Und ich finde es herrlich. Denn wenn die Kids bei uns zu Besuch sind, machen wir all das mit ihnen, was Eltern in dieser Häufung vielleicht nicht gutheißen würden: Eis essen, rutschen auf dem besonderen Spielplatz, bummeln mit Einkaufen von lustigen Glitzer-Katzen-T-Shirts und Lego-Flugelementen, deren Namen ich mir nicht mal merken kann, Trambahn fahren, U-Bahn fahren, schon wieder Eis essen, Kino mit extra viel Popcorn, Nudeln und wieder Eis, *Drei-???*-Hörspiel hören, Wii spielen und so weiter. So lange, bis wir alle nicht mehr können und erschöpft die Zähne putzen und ins Bett fallen.

»Ich finde das herrlich und habe einen großen Spaß mit den Kids gehabt«, sage ich zu Andi, als wir im Bett liegen. »Aber das Schönste war, die glücklichen Kinder und *deine* strahlenden Augen zu sehen: erfüllt, fröhlich, glücklich ... und mir ging es ganz genauso. Wie schön die Fotos geworden sind!«

Die Kinder-Wochenenden sind ein Teil unseres Weges. Wir sind eben die »Herzenstante« und der »Herzensonkel« – wenn es schon keine echten Blutsbande sind. Die Begriffe haben sich die Kinder übrigens selbst ausgedacht, nachdem sie sagten: »Schade, dass ihr nicht auch zur Familie gehört. Aber im Herzen tut ihr das. Ihr seid Herzensfamilie.«

Als wir die Kinder nach achtundvierzig Stunden abgegeben haben und wieder allein zu Hause sind, lachen und lächeln wir noch immer. »Wir können dankbar sein, dass sie uns so gern mögen und die Eltern sich bisweilen freuen, ein freies Wochenende zu haben. Auch wenn wir am Ende eines solchen Wochenendes etwas erschöpft sind, so bin ich vor allem aber auch dankbar, dass wir mit den Gastkindern all das erleben dürfen, was Menschen mit Kindern eben auch erleben. So ist unsere Seele erfüllt mit Kinderleben und Kinderlachen, auch wenn es nicht unsere eigenen Kinder sind.«

Andi küsst mich lächelnd und zufrieden. Und gähnt hinter vorgehaltener Hand. Ja, Kinder zu haben – und sei es nur für achtundvierzig Stunden –, ist anstrengend. Aber auch schön. Wir haben für uns nun das Beste aus beiden Welten; auch wenn das etwas nach aufgesetztem Optimismus klingt.

Von der Kinderlosigkeit in die Kinderfreiheit?

»Unser Weg in das Gefühl der Kinderfreiheit statt dem der Kinderlosigkeit ist ein ganz schön langer Prozess«, sage ich zu Andi einige Zeit nach dem Kinderwochenende bei einem Spaziergang.

»Wie kommst du jetzt darauf, dass wir als Kinderlose über Kinderfreiheit als Status nachdenken sollten?«

»Ich habe über die amerikanische Formulierung ›CNBC‹, also ›childless not by choice‹ gelesen, was in etwa ›kinderlos ohne Wahl‹ bedeutet. Jetzt gibt es dort noch einen weiteren Gedankengang, nämlich die Fortführung hin zu einem erweiterten Verständnis nach dem Motto ›kinderfrei‹. Darüber habe ich nun eine ganze Weile nachgedacht.«

»Aber ist der Begriff ›Freiheit‹ nicht völlig anders definiert?«, fragt mich Andi stirnrunzelnd. »Freiheit heißt, dass ich eine Wahl zwischen verschiedenen Optionen treffe, mir selbst die eine oder andere Richtung aussuche. Aber das haben wir ja nicht getan.«

»Ja. Da hast du recht. Sehr sogar. Wir haben uns das wirklich nicht ausgesucht. Ich erzähle ja nur von der amerikanischen Sicht auf die Dinge und der Diskussion dort. Wenn ich sie auf uns übertrage, dann bedeutet das, dass wir definitiv CNBC sind, weil wir es uns nicht ausgesucht haben. Und dennoch: Ich habe mich einfach in der letzten Zeit ziemlich stark selbst beobachtet und festgestellt, dass ich gar nicht mehr traurig bin, weil wir kein Kind haben. Ja, wir sind per Definition CNBC – aber so langsam finde ich mich wirklich damit ab und finde in das neue Leben hinein: ein kinderloses Leben. Und ich erkämpfe mir die Freiheit und Selbstliebe zurück. Wenn das der Grundgedanke der Amerikaner ist, dann fange ich an, die Kinderfreiheit zu genießen. Denn wenn wir uns die Kinder unserer Freunde ausleihen und dann ein solches Wochenende der Freude erleben dürfen, dann habe ich das Gefühl, das Leben mit Kindern kennenlernen zu dürfen und daran teilhaben zu können. Und ich kann mitreden, wenn Freunde uns von ihren Kindern erzählen. Es ist ein bisschen wie ein intensives Praktikum – wenn man schon selbst kein Experte ist. So kann ich mit den Freunden mitreden. Das tut mir gut. Und ich bediene die innere Sehnsucht nach solch typischen Familienerlebnissen. So gewinnen doch letzten Endes alle. Ich bin nicht mehr traurig, dass wir kein eigenes Kind haben. Und wenn ich süße Kinderklamotten sehe, dann kaufe ich sie halt – und verschenke sie. Ich muss nicht mehr traurig im Laden stehen und mir sagen, dass ich sie nicht kaufen kann, weil ich keine Verwendung dafür habe. Ich sehe jetzt eher die Chancen als die Trauer. Das stimmt mich so fröhlich!«, freue ich mich und strahle Andi an. Und er grinst zurück.

Ja, der Weg, den wir gehen, ist lang und war auch steinig. Aber wir haben es geschafft, unseren Blick auf das Nicht-Ereignis Kind zu verändern und die Chancen zu sehen, die aus der Kinderlosigkeit für uns entstehen. Wir haben es geschafft, dass wir zum kinderlosen Leben Ja sagen können und uns auf das neue Leben einstellen und einlassen. Und weil das Wort »Kinderlosigkeit« den Fokus auf den Mangel legt, verwenden wir lieber das Wort »Kinderfreiheit« für uns. Diese Freiheit können wir nutzen und gestalten; wir können selbst definieren, wie wir leben möchten. Und wir wollen auf die Fülle im Leben setzen und uns nicht durch den Mangel eingeschränkt fühlen, auch wenn die Lücke natürlich da ist und bleiben wird. Aber für das tägliche Lebensgefühl ist uns die Fülle der Freiheit lieber als der Mangel dessen, was fehlt.

Ein Paar ohne Kind

»Findest du eigentlich, dass sich unsere Partnerschaft verändert hat, seit wir begonnen haben, uns von dem Kinderwunsch zu verabschieden«, frage ich Andi eines Tages, während wir uns über das verlängerte Wochenende eine kleine Auszeit in unserem Lieblingshotel gönnen, im Solebecken sitzen und unseren Blick in die Weite der Alpenkette schweifen lassen, wohlig umschlossen von warmem Wasser.

»Ja, natürlich.«

»Was hast du dabei im Sinn?«, frage ich forschend-interessiert nach.

»Nun, wir sind viel gelöster, wieder viel spontaner. Wären wir noch mitten im Kinderwunsch, hätten wir erst mal die Zyklusphase eruiert, bevor wir dieses Wochenende spontan gebucht hätten. Und wären wir noch in der Behandlung, dann hätten wir uns das Wochenende so spontan vielleicht auch gar nicht unbedingt geleistet.«

»Das stimmt.«

»Aber da ist noch mehr. Wir sind wieder viel unbefangener. Wir müssen nicht mehr schauen, wann die fruchtbaren Tage sind. Wir sind nicht mehr fremdbestimmt und haben unsere Freiheiten zurückgewonnen.«

Am Abend nach dem Essen nimmt mich Andi an der Bar in den Arm und flüstert mir leise, sodass es die anderen Gäste nicht hören können, ins Ohr: »Ich habe irgendwo in einer Zeitschrift gelesen, dass Kuscheln glücklich macht. 66 Prozent der Optimisten liegen sich mit ihrem Partner oft bis sehr oft in den

Armen. Wie schön, dass wir danach definitiv Optimisten sind.«
Ich küsse ihn und bin in diesem Moment sehr glücklich. Es sind
diese kleinen und doch auch großartigen Momente, die mein
Leben so schön machen, dass ich es nicht eintauschen möchte.

Das große Glück der kleinen Dinge

Eine Zeitschrift, die ich abonniert habe, schickt mit jeder Ausgabe kleine Dinge mit, die den Alltag inspirieren und oft genug auch erhellen.

»Schau mal, was heute in der Post war«, rufe ich Andi schon freudig entgegen, als er abends endlich aus dem Büro nach Hause kommt. Ich wedele schon mit dem großflächigen Aufkleber, merke aber, dass mein Mann noch nicht wirklich angekommen ist. Er gibt mir zur Begrüßung einen kurzen Kuss und sagt: »Ich bin gleich da. Warte noch kurz, bis ich die Tasche abgestellt habe.«

»Okay. Kein Problem.« Ja, ich merke, dass ich mich selbst wieder kenne und auch als Mensch gut leiden kann. Ich bin wieder ausgeglichen, kraftvoll und fröhlich. Und warte gern darauf, dass mein Mann so weit ist, Informationen aufnehmen zu können. Weil ich keine innere Not mehr habe, kann ich wirklich gut warten, bis auch er bereit ist. Ich muss nicht mehr mit dem Kopf durch die Wand.

»So, da bin ich. Was wolltest du mir zeigen?«

»Schau mal! Ich finde es total klasse«, sage ich und zeige ihm den durchsichtigen Aufkleber mit den hübschen schwarz geschnörkelten Buchstaben.

Er nimmt ihn in die Hände und liest: »›Das große Glück mag kleine Dinge.‹ Das ist ja wunderbar und so wahr. Stimmt, wir haben es geschafft, uns vom großen Traum wegzubewegen, indem wir begonnen haben, die vielen kleinen Freuden zu würdigen, die uns begegnen. Ich muss dir auch noch erzählen, worüber ich mich heute gefreut habe ...«, sagt er und fängt an, von seinem Tag zu erzählen.

»Als wir begonnen haben, die kleinen Dinge zu würdigen, die uns begegnen und erfreuen, haben wir angefangen, wirklich zu leben. Wie viele verschmähen den Alltag als langweilig. Aber ist er nicht der Hauptbestandteil unseres Lebens? Sollten wir nicht genau deshalb die kleinen Dinge schätzen? Ich finde den Alltag nicht langweilig und banal – ganz im Gegenteil. Wer hinsieht, entdeckt so viele spannende Farbtöne. Das Gänseblümchen am Straßenrand, die in der Pfütze badende Amsel ... ich glaube wirklich, wer lernt, das wahrzunehmen und achtsam zu begrüßen, kann auf die Dauer nur die Schönheit des Alltags erkennen und deshalb glücklich werden. Jeder Tag zeigt uns eine solche Fülle; ich konzentriere mich darauf. Dann fällt mir auch gar nicht so sehr auf, was nicht da ist. Die Frage dazu heißt: Fülle oder Mangel? Schade, dass sie dazu nicht auch noch einen Aufkleber gemacht haben!«

»Und was machen *wir* jetzt mit dem Aufkleber?«, fragt mich Andi nachdenklich. Ich merke, dass die Botschaft auch ihn bewegt. Später beschließen wir beide, dass dieser Aufkleber am besten in der Dusche aufgehoben ist – weil er uns dort an jedem neuen Morgen darauf hinweist, dass das Glück in den kleinen Dingen und ihrer jeweiligen Schönheit liegt, aber auch den begleitenden Aspekten, die dazugehören wie der Regen zur Pfütze, in der die Amsel badet.

Emotionen von A bis Z: Abschied, Hoffnung, Mut, Trauer und Zorn

Wir haben in der Vergangenheit viel Leid auf uns genommen – körperlich und seelisch –, solange wir diese starke Sehnsucht nach unserem Kind hatten. Und oftmals sind eben alle Quellen des Wohlbefindens tief erschöpft, sodass »das gute Gefühl« auch ganz weit weg ist. Über Jahre hin konnte ich mich nicht daran erinnern, wann ich das letzte Mal ein »gutes Gefühl« gehabt hatte und mein Leben gern mochte. Jahrelang hat sich alles um den Kinderwunsch gedreht und der Fokus lag Monat für Monat auf dem Zyklus und seinen Phasen. Wir drehten uns um Fragen, wann welche (medizinische) Aktion notwendig ist. Ich habe es immer so erlebt, dass wir die erste Woche im Zyklus positiv und hoffnungsfroh (»Diesmal klappt es!«) empfunden haben. Und dann sind wir direkt in die Phase gekommen, die mich immer so sehr erschöpft hat: von der Hoffnung in die Trauer, wenn es wieder mal nicht geklappt hat. »Diese Phasen sind ja so kurz«, sage ich zu Andi, als wir darüber sprechen. »Zwei Wochen so, zwei Wochen so. Aber die Hoffnung wird als Gefühl über die Jahre weniger und die Trauer stärker.«

Er atmet tief durch. Nachdem wir unseren eigenen Kinderwunsch aufgegeben haben, möchte er nicht mehr gern ständig darüber sprechen. Aber er hört mir zu, weil er weiß, dass es für mich wichtig ist.

»Irgendwann konnte ich nicht mehr. Diese ständige Dunkelheit und Trauer ist irgendwann zu viel, zu stark, zu mächtig. Ich bin keine Psychologin – aber ich habe mich viel mit entsprechenden Modellen beschäftigt und sie aus meiner Erfahrung und meinen Beobachtungen auf den Kinderwunsch und den Abschied vom Kinderwunsch übertragen. Magst du hören, was ich mir überlegt habe?«

»Okay, erzähl mal«, sagt mein Mann. Das interessiert ihn jetzt doch und ich bin froh darüber, weil ich meine Gedanken so am besten sortieren kann.

»Also: Zunächst ist da die Enttäuschung, dass es schon wieder nicht geklappt hat. Dann folgt das Gefühl der unfassbaren Erschöpfung – geistig und körperlich – und schließlich die Fortführung der Trauer, die in jedem enttäuschten Zyklus wieder und wieder erlebt wurde und jetzt besonders stark ist. Irgendwann geht es nicht mehr. Dann kommt die Erkenntnis, dass man so wie bisher nicht weitermachen kann, wenn man weiterleben möchte. Dieser Auslöser kommt irgendwann, schon aus dem Selbstschutz heraus. Dann kommt die Erkenntnis: ›Schluss, hier endet mein Kinderwunsch.‹ Was dann folgt, ist erst einmal Erleichterung. Die ist so groß, dass einem ›ein Stein vom Herzen fällt‹, einfach weil der Druck weg ist, weil endlich Klarheit herrscht. Für diese Entlastung kann man schon dankbar sein. Die Last verschwindet und die Leichtigkeit hat eine reelle Chance. Ich glaube, die meisten merken in dem Moment erst, welch unfassbar großem Druck sie jahrelang standgehalten haben. Aus dieser Erkenntnis kann eine lebenslange Stärke entstehen, wenn sie in den Tiefen des Bewusstseins und im Selbstbewusstsein im eigentlichen Sinn verankert wird. Auf die Erleichterung folgt dann allerdings nach meiner Einschätzung eine Phase des Engagements und des Aktionismus im Außen. ›Jetzt lebe ich aber!‹ oder ›Arbeiten! Viel Arbeiten!‹ Hier steht der Kompass erst einmal auf der Freude, endlich nicht mehr bei sich im Inneren sein zu müssen, und tut gut nach der langen, oftmals jahrelangen Phase des Kinderwunsches, in der sich die Aufmerksamkeit allzu lange nach innen auf den Bauch konzentriert hat.«

»Hm«, macht Andi. »Wenn ich dich richtig verstehe, dann meinst du, dass es Phasen der inneren und der äußeren Aufmerksamkeit gibt. Und dass der Kinderwunsch eben ein innerer Fokus ist, der dann durch Aktion und Aufmerksamkeit auf äußere Aspekte umgelenkt wird.«

»Ja, ich glaube, so ist es. Der Rucksack, den man lange Zeit tragen musste, war so schwer. Und wenn man sich entscheidet, ihn abzusetzen, dann wird man erst mal frei für neue Expeditionen. Ob diese dann länger dauern, ist vielleicht gar nicht die Frage. Vielmehr ist es so, dass die Lücke, die der Abschied aus der aktiven Kinderwunschphase eröffnet, durch neue Aktivitäten gefüllt wird. Ein Kreis ist rund – und so sind unsere Lebensphasen und -themen. Wenn eines wegbricht, gewinnt ein anderes mehr Kraft und füllt den Raum aus. Wenn dann die neue Aktion im Äußeren, beispielsweise durch viel Arbeit oder Ausgehen, eine Weile gelebt wurde, beginnt allerdings wieder eine Rückbesinnung auf das Innere. Das muss ja auch noch versöhnt und ins Leben integriert werden. Nur im Äußeren zu sein, ist genauso ungesund, wie nur im Inneren zu sein. Beides ist wichtig und beides hat eine Rolle, eine Funktion im Leben und muss diesen Platz auch einnehmen. Diese Phase der Rückbesinnung wird oftmals sichtbar durch die Rückkehr zum Inneren und beinhaltet auch eine Phase der Kontemplation, des Rückzuges, des Innehaltens. Hier ist es oft so, dass jetzt die viele Arbeit oder der Aktionismus der letzten Zeit endet. Weshalb? Weil man merkt, dass die Zeit im Außen die Wunden im Innen nicht heilen kann. Und das ist eine wertvolle Erkenntnis, die die anschließende Heilung einläutet. Ich glaube, in dieser Zeit kommt man zur Ruhe; oftmals geht damit ein Urlaub einher. Dann fangen die Menschen an, den Gedanken zuzulassen, dass ein Leben ohne Kind gelebt werden kann und darf. Und dann fangen Körper und Seele in kleinen, oftmals winzigen Schritten an, wieder zu Kräften zu kommen. Erfahrungsgemäß dauert diese Phase – wie wir es aus dem Trauerjahr kennen – ein Jahr und länger. Und diese Zeit braucht es auch.«

»Also ist der Aktionismus erst einmal wichtig als Ausgleich? Und dann merkt man irgendwann, dass es das auch nicht ist, und fängt an, sich zu besinnen?«, fasst Andi meine Gedanken zusammen. Für mich ist er ein spannender Gesprächspartner, weil er ja auch ein Betroffener und somit tief in die Thematik involviert ist. Bisher scheint er meinen Überlegungen zu folgen.

Am Anfang steht
das Loslassen

»Ja, genau. Und mit dieser Einkehr in das neue, alte Innere beginnt die Phase der Neuausrichtung. Hier wird der Grundstein dafür gelegt, das Leben auf die neue akzeptierte Situation auszurichten. Nun kommen die ganzen Sinn-Fragen: Was will ich mit meinem Leben tun, wenn ich es nicht dem ursprünglichen Sinn widmen kann? Wie will ich leben? Was ist mir wichtig? Wer soll Teil davon sein? Was mache ich mit der Zeit, die ich jetzt habe, weil ich kinderfrei bin? Nach all dem Erlebten und bisweilen auch Erlittenen besteht nun die Chance, sich das neue Leben aufzubauen, auszuprobieren, was einem guttut und worauf man künftig Wert legen will. Hier passiert auch ganz viel Werte Arbeit. Und irgendwann kommt man gemeinsam mit den Antworten im neuen kinderlos-kinderfreien Leben an. Vielleicht hat man das eine oder andere neue potenzielle Hobby ausprobiert, mit einem Coach an den Fragen gearbeitet und kann zunehmend auch die schönen Seiten des Lebens ohne Kind sehen. Das neue Leben – das Leben ohne Kind, das man sich nie gewünscht hat – ist Realität geworden und deshalb wird es gelebt. Um sich richtig gut darin zu fühlen, muss man dieses Leben, das man so anders geplant hatte, jetzt neu gestalten. Neue Aufgaben halten Einzug; man lernt sich zunehmend selbst besser kennen.

Wenn man dann anfängt, das alles zu genießen, kommt man ans Ende des bisherigen Weges und gelangt in das neue Leben. Je mehr Genuss und Freude wieder Einzug halten, desto mehr manifestiert sich auch der Glaube daran, dass ein Leben, das man in dieser Form nicht haben wollte, trotzdem ein Geschenk sein kann. Gleichzeitig wird die Trauer spürbar immer weniger. Und manchmal muss man auch das eine oder andere, das einen lange begleitet hat, verändern, weil es nicht mehr zu einem passt. Weil man wirklich ein anderer Mensch geworden ist. Jetzt geht es darum, sich wie in einer neuen Wohnung ein Stück weit neu einzurichten. Neues Leben – neue Werte – neue Freuden! Und irgendwann kommt die Lebensfreude wieder!«, bringe ich mein Kinderwunsch-Phasenmodell zu Ende.

Andi zieht mich zu sich heran, lächelt und schaut mich intensiv an. »Und genau da sind wir: endlich wieder in der Lebensfreude!«

Ich habe früh in meinem Leben gelernt, darauf zu vertrauen, dass ich schon alle Gaben in mir trage, die man braucht, um auch in schwierigen Situationen zurechtzukommen. Dieses Grundvertrauen ist eine Gabe, die es mir ermöglicht hat, Schritt für Schritt in meinem – in unserem – Tempo diesen Weg zu gehen. Klar, die Phasen, die ich beschrieben habe, laufen nicht statisch ab; sie verlaufen vielmehr in Wellen. Oftmals ist es auch ein Hin und Her, eine Rückkehr zu einer der vorherigen Phasen, ein Sprung nach vorn und wieder zurück. Das gehört dazu! Der Weg liegt ja nicht schnurgerade vor uns, fein säuberlich mit Wegweisern bestückt. Man kennt das Ziel, aber es gibt keine Ausschilderung, der man auf dem Weg dorthin folgen kann. Aber die tiefe innere Sicherheit, dass man es schaffen kann, ermöglicht es, diesen Weg zu gehen. Diejenigen, denen die Ärzte sagen, dass sie nichts mehr für sie tun können, haben es aus meiner Sicht – bei aller Schwere – vielleicht sogar ein ganz kleines bisschen leichter als diejenigen, denen »nur« die eigenen Kräfte versagen. Aber so oder so: Irgendwann muss man den Schlussstrich ziehen, eine Entscheidung treffen und sich aufmachen. Und ich glaube, die Kunst besteht darin, den richtigen Moment zu erkennen, sodass man sagen kann: Wir haben alles probiert, aber wir wollen uns nicht zu weit über die psychischen und physischen Grenzen hinauswagen. Und ab da vorwärts zu gehen – in Achtsamkeit für das neue Ich, das neue Leben und die Chancen, die sich bieten. Ich glaube, wenn man das schafft, dann ist man definitiv als Mensch sehr gewachsen und gereift. Dann hat man allen Grund zur Dankbarkeit an sich selbst – und dass Dankbarkeit glücklich macht, ist durch viele Studien wissenschaftlich belegt. Wenn wir uns selbst die Möglichkeiten schaffen, dankbar zu sein, ist der Weg automatisch geebnet für inneres Glück – auch in einem kinderfreien Leben.

»Verluste fühlen sich doppelt so schwer an wie Gewinne«, lese ich bei dem Psychologen Daniel Kahnemann, der für die dazugehörige Studie den Nobelpreis erhalten hat. Er beschreibt weiter, dass uns das Loslassen oftmals so schwerfällt, weil Beharrlichkeit, also das Weiterverfolgen eines eingeschlagenen Weges oder Zieles, so tief in unserer Kultur verankert ist. Je mehr man investiert hat, desto schwerer fällt es, sich davon zu trennen. Leider gibt es dieses Verhalten nicht nur in der Wirtschaft und in der Politik, sondern auch in der Liebe. Und der Kinderwunsch ist ein Thema der evolutionären Liebe und Mütterlichkeit. Leichtigkeit kann aber nur entstehen, wenn wir verstehen, wann wir einen eingeschlagenen Weg aufgeben und uns neue Ziele setzen und neue Chancen nutzen müssen.

Als ich Andi das erzähle, sagt er: »Vielleicht hatten wir gemeinsam Glück im Unglück. Durch deinen Kieferbruch hatten wir einen deutlichen Warnschuss, den wir nicht ignorieren konnten. Vielleicht hat er es uns letztes Endes ermöglicht zu sagen, dass wir alles getan haben und uns niemals Vorwürfe machen müssen. Vielleicht ist dieser gebrochene Kiefer in Wirklichkeit unsere Rettung gewesen.«

Ich kann ihm zunächst nicht antworten, weil ich in diesem Moment zu ergriffen bin. Vorsichtig streichele ich über meine rechte Wange und das darunter liegende Kiefergelenk. Ja, wer weiß – vielleicht war das unsere Rettung. Auf jeden Fall aber war es der Anfang des Loslassens.

Opfer oder Gestalter? Die Vision des Lebens leben

»Ich bin dankbar für unser neues Leben. Ich bin dankbar, dass wir diese jahrelange Krise gemeistert haben. Und ich bin dankbar, dass wir daraus so gestärkt hervorgegangen sind. Das ist nicht selbstverständlich, aber wir haben es geschafft und das macht mich glücklich«, sagt Andi zu mir am Nachmittag nach dem langen Spaziergang, auf dem ich ihm mein psychosoziales Modell der Kinderwunschphasen vorgestellt habe. Offensichtlich hat es in ihm noch einen Nachhall erzeugt und er hat es in seinen Gedanken bewegt und überprüft. Freudig drücke ich ihn an mich.

»Weißt du, wir mussten uns irgendwann entscheiden, ob wir angesichts unseres Schicksals einknicken oder ob wir es akzeptieren und unser Leben dennoch lebenswert gestalten. Im Kern könnte man also sagen, dass man sich fragen muss, ob man sich als Opfer sehen möchte – oder als Gestalter anpackt. Das Tun macht uns zufrieden, nicht das Hadern. Ja, wir alle erleben vermutlich Lebensphasen, in denen wir mit der Ist-Situation nicht zufrieden sind. Aber zu verharren, ist nicht der Weg, der einem hilft, da wieder herauszukommen. Vielmehr ist es das Anpacken und das Sich-auf-den-Weg-Machen. Wer losläuft, ist schneller als der, der stehen bleibt. Und ja, manchmal geht es sehr langsam vorwärts, manchmal verläuft man sich sogar – aber man ist unterwegs und damit immer weiter als derjenige, der im

Stillstand unglücklich ausharrt. Ich glaube, wenn man das erst einmal verstanden hat, kann man leichter losgehen; auch wenn einen Sorge und Unsicherheiten begleiten«, führe ich meinen Gedanken noch zu Ende und freue mich über seine ermutigende Kraft.

Was ist der Kinderwunsch wert?

»Wie machen die das?«, frage ich Andi eines Abends, nachdem wir gehört haben, dass ein befreundetes Paar ein Haus samt großem Grundstück gekauft hat.

»Keine Ahnung. Sie verdienen in etwa so viel wie wir.«

»Hm«, sage ich etwas traurig und habe dabei vor Augen, wie gern ich ein kleines Haus mit Garten hätte. Ich stelle mir vor, wie schön es wäre, in der eigenen Erde wühlen und dabei die vorbeiziehenden Wolken beobachten zu können. Nach getaner Arbeit, so stelle ich mir vor, sitzen wir dann auf unserer Terrasse in den gemütlichen Sesseln und warten darauf, dass der Grill heiß wird und wir einen Fisch grillen können. Ich rieche es förmlich, diesen lauen Sommerabend und den brutzelnden Fisch. Auf dem Tisch sehe ich die Kerzen und erfreue mich am Duft des selbst gemachten Kräuterpestos, das wir auf das Weißbrot streichen wollen.

»Ich habe es noch mal bedacht«, sagt Andi später im Badezimmer.

»Was denn?«

»Na, das mit der Hausfinanzierung.«

»Ah«, sage ich, denn ich hatte das schon wieder verdrängt.

»Ich weiß, wie sie es gemacht haben. Sie haben das Geld, das wir über die Jahre in die Kinderwunschbehandlungen gesteckt haben, anders verwendet. Und sie haben das Haus weit weg von jeder Metropole gekauft. Unterm Strich ist das machbar. Wir hingegen haben jeden verfügbaren Cent und am Ende

einen deutlich fünfstelligen Eurobetrag in die Kinderwunschpraxis und flankierende Maßnahmen getragen und außerdem
leben wir in München, wo du für das gleiche Geld – salopp
gesprochen – nicht mal ein noch so winziges Grundstück kaufen könntest.«

»Stimmt. Hast du letzte Woche gehört, dass das Hun-
dert-Quadratmeter-Reihenmittelhaus in nicht mal besonders
guter Lage mit einem Garten, der kaum diese Bezeichnung verdient, für 850.000 Euro verkauft wurde?«

»Ja.«

»Da hätte uns auch das Kinderwunschgeld nicht geholfen.«

»Stimmt. Und wir hatten einen guten Grund, unser Geld
dafür auszugeben.«

»Ja«, erwidere ich doch etwas einsilbig.

»Schau mal, wir haben es gut, der Kinderwunschweg ist
zu Ende und ab jetzt nutzen wir das, was wir haben, für uns
und für Lebensqualität. Es bringt nichts, jetzt damit zu hadern.
Wir schauen nach vorn. Um das Geld tut es mir nicht leid. Das
ist nur ein Mittel zum Zweck gewesen. Aber ab jetzt können
wir unser Leben so gestalten, dass es uns gefällt. Wir müssen
uns dafür nicht rechtfertigen – weder vor uns selbst noch vor
anderen.«

»Ja, du hast recht.«

»Mal im Ernst: Hättest du des Geldes wegen anders entschieden? Hättest du anders gehandelt, wenn du gewusst hättest,
wie viel wir in den Kinderwunsch investieren werden?«

»Nein, vermutlich nicht. Wir haben es in unseren Traum
investiert und aus dem Traum ist nichts geworden. Es war halt
nur ziemlich viel Geld. Und noch mehr Kraft und Herzblut.
Unterm Strich und auf den ersten Blick ist beides verloren. Aber
wir haben auch gewonnen: an Einsicht, an Zusammenhalt, an
Stärke. Das ist auch eine Form von Energie, die wir – wie das

Geld – jetzt nutzen können. Es ist doch nur Geld. Deswegen
hadere ich nicht wirklich. Aber ich wünsche mir, dass wir ab
jetzt unsere Träume, deren Erreichbarkeit wir selbst in der Hand
haben, leben und dort hinein investieren können.«

Kinderwunsch-Coach – die Kraft wird genutzt

Wir haben als Menschen durchschnittlich nur knapp dreißigtausend Tage zu leben. Diese Erkenntnis war für mich so zentral, dass ich nicht davon lassen konnte, mich zu fragen, wozu ich die mir verbleibenden Tage nutzen wollte. Bald kam ich zu der Erkenntnis, dass Glück in der Regel daher kommt, etwas Sinnstiftendes zu tun und gleichzeitig die eigenen Fähigkeiten für andere Menschen einzusetzen. Weg vom eigenen Ich hin zu der Frage, was für einen Mehrwert man im Leben stiften kann. Das sind die viel beschworenen Fußstapfen, die man im Sand des Lebens hinterlassen kann.

Was kann ich geben, was die Welt braucht? Wo kann ich einen Unterschied bewirken? Wo kann ich etwas erreichen, was anderen Menschen nutzt? Ich glaube, dass diese Fragen von der Evolution vorgegeben sind. Normalerweise beantwortet der klassische, »genormte« Lebensweg einer Frau diese Fragen, indem sie Kinder bekommt, die sich nicht selbst helfen können und die eine starke, fürsorgliche und liebende Mutter brauchen. Nur, diese Kinder habe ich nicht. Wohin also mit meiner Liebe und meiner Kraft – wofür könnte ich sie einsetzen, wenn ich sie nicht im Rahmen meiner eigenen kleinen Familie einbringen kann?

Ich habe nicht nur Wünsche und mache nicht nur Pläne. Vielmehr habe ich mir auch überlegt, welche Ergebnisse mein Engagement bringen kann und welche Hindernisse auf diesem Weg liegen können. Für die Hindernisse habe ich mir schon im

Vorfeld Pläne ausgedacht. So musste ich nicht unruhig werden, wenn sie eintraten.

In dem Moment, in dem ich begonnen habe, das Heft des Handelns in die Hand zu nehmen und Verantwortung für die Gestaltung meines Lebens zu übernehmen, in dem Moment habe ich begonnen, zufriedener zu werden. Ich verharre nicht in der Traurigkeit eines nicht erfüllten Traumes, sondern habe mich auf den Weg gemacht, um etwas zu schaffen, dessen Gelingen und dessen Erfolg ich selbst in der Hand habe. Ich bin konstruktiv mit mir selbst und meinen Möglichkeiten umgegangen und habe die Befürchtungen, die ich hatte, beleuchtet, abgewogen und schließlich ins Andenkenregal in meinem Kopf gestellt.

Mutig vorwärts, sinnvoll leben

»Manchmal bin ich unendlich dankbar. Ich bin dankbar für die wunderbaren Frauen, mit denen ich als Kinderwunsch-Coach arbeiten darf! Gerade heute war wieder so ein Moment, der mich tief erfüllt, weil er im Kern das berührt, weshalb ich Kinderwunsch-Coach geworden bin«, sage ich abends zu Andi, nachdem ich erfüllt das Büro abgeschlossen habe und nach Hause gegangen bin.

Seine Aufmerksamkeit ist sofort geweckt angesichts meiner Ruhe und vermutlich der Kraft meines Lächelns. »Heute kam eine Frau zu mir, die seit vielen Jahren in der reproduktionsmedizinisch unterstützten Kinderwunschbehandlung ist – weil es ihr Lebenstraum ist, Kinder zu bekommen, schon seit sie ein kleines Mädchen war. Das gibt ihr, sagt sie, die Kraft, durchzuhalten. Nun braucht sie mich als Coach und meine Erfahrung, um wieder selbst gut für sich sorgen zu können. Wenn ich sehe, wie sich in nur zwei Stunden die Gesichtszüge von tiefer Trauer, Hoffnungslosigkeit und Verzweiflung hin zu Kraft und Zuversicht verwandeln, dann weiß ich, warum ich Kinderwunsch-Coach geworden bin. Weil ich genau dafür da bin: Damit Frauen es leichter haben und die Hilfe bekommen können beim Umgang mit ihrem persönlichen Kinderwunsch-Erleben, die ich mir damals selbst so gewünscht habe und nicht finden konnte – jedenfalls nicht auf eine zu mir passende Art und Weise. Und das ist ja nur ein Thema von den vielen, mit denen meine Kundinnen zu mir kommen.«

Andi schaut mich nur an, zieht mich an sich und küsst mich auf die Stirn. »Du weißt, dass ich stolz auf dich bin. Ich bin sehr froh, dass du den Mut hast, deinen Weg zu gehen, und aus dem Schlechten, das wir aushalten mussten, nun mit so viel Elan Gutes erwachsen lässt. Wirklich, wenn ich dich ansehe, dann weiß ich, dass das Sprichwort ›Geben ist seliger denn nehmen‹ wahr ist.«

Ja, er hat recht. Denn wenn das Strahlen und die Zuversicht in die Augen einer Frau zurückkehren – auch wenn der Weg noch steinig und lang sein mag – und sie sich stärker fühlt als zuvor, dann weiß ich, dass ich als Kinderwunsch-Coach gut gearbeitet habe. Diese Momente sind für mich so ähnlich wie der Applaus für Artisten: selige Dankbarkeit, das tun zu dürfen und zu können, was man gut und mit viel Herzblut tut.

»Ja, das ist heute mein Moment der Aufmerksamkeit, des Innehaltens und der Dankbarkeit«, erwidere ich strahlend, glücklich und zufrieden und drücke Andis Hand.

Wohin mit der ganzen Liebe?

In all den Jahren des Kinderwunsches habe ich mich immer wieder gefragt, wohin ich denn mit meiner ganzen Liebe gehen soll. Worauf kann ich sie richten? Denn ich denke, Andi möchte sie nicht in vollem Umfang haben. Und dann kann in einer guten Partnerschaft die mütterliche Liebe ja auch kaum eine derart starke Rolle spielen. Zu sehr würde es seine Freiheit und Selbstbestimmung einschränken, wenn ich ihn mit mütterlicher Liebe und Fürsorglichkeit überschütten würde.

Ich stamme aus einer »Hundefamilie«. Wir hatten in meinem Elternhaus immer Hunde und solange ich mich erinnere, haben das freundliche Schwanzwedeln, die herzlichen Begrüßungen wie auch das gemeinsame Stromern durch den Wald mich glücklich gemacht. Ich weiß schon lange, dass mir ein Hund in meinem Leben fehlt, und je stärker ich mich damit anfreunde, in der Kinderlosigkeit auch eine Chance zur Freiheit und Selbstbestimmung zu sehen, desto stärker wächst in mir die Sehnsucht nach einem Hund.

Andi hatte mir schon vor der Hochzeit versprochen, dass ich jederzeit einen Hund haben dürfte, wenn die berufliche Situation dies zuließe.

Irgendwann ist es dann so weit und ich darf die sechzehn Wochen alte, zuckersüße Terrier-Hündin abholen. Elli. Mein Traumhund – autark, aber sehr freundlich und von der Optik her eher eine Mischung aus Wildschwein und Otter denn seidenhaariger Rassehund.

Ursprünglich wollte ich einen Hund aus dem Tierschutz nehmen. Doch dann dämmerte mir, dass ich zwar kein Kind habe – meine Freunde aber schon. Und ich möchte sicher sein, dass ich den Hund kenne und er keinerlei – vielleicht zunächst verborgene – schlechte Erfahrungen gemacht hat, die durch einen unbeabsichtigten Auslöser auf einmal sichtbar werden und ein Kind meiner Freunde gefährden könnten. Es ist keine leichte Entscheidung gegen eine arme Seele aus dem Tierschutz gewesen – aber an dieser Stelle geht für mich nach reiflichen Überlegungen die Sicherheit und Berechenbarkeit meines Hundes vor.

Und dann ist Elli da. Und sie bereichert mein Leben in einem Maße, wie es vermutlich nur Menschen verstehen, die sich selbst lange nach einem Hund gesehnt und aus rationalen sowie beruflichen Gründen darauf verzichtet haben – und sich dann den Wunsch doch noch erfüllten. Sie ist dankbar für die Liebe und Fürsorge, die ich ihr bieten kann. Immer wieder sage ich zu Andi: »Hund bei mir zu sein, wäre auch ein Ziel für mein nächstes Leben«, und meine damit, dass sie gelegentlich nach Strich und Faden verwöhnt wird. So sehr mir bewusst ist, dass sie ein Hund und kein Kind ist. Ja, sie ist ein Kanal für meinen Drang, Verantwortung und Fürsorge zu übernehmen. Dass ich dies alles nun einem Hund und nicht einem Kind angedeihen lasse, ist Teil meiner Lebensgeschichte.

Mein Traum war es immer, erst ein Kind und dann einen Hund zu bekommen. Für die Kindersehnsucht habe ich jahrelang alles getan und ich musste einsehen, dass sie sich schlicht nicht erfüllen würde. Also habe ich mein Leben auf den Kopf gestellt. Und es ist eine Offenbarung, wie frei und schön das Leben sein kann, wenn man das tun darf, was man mit Leidenschaft und Herzblut tut – um dann am Tagesende noch in Begleitung eines Hundes, der mit seinen eigenen Bedürfnissen für einen Wechsel der Perspektive sorgt, durch die Felder zu spazieren.

Für mich ist Elli kein Ersatz für ein Kind und wird es auch nie sein. Aber sie ist eine Bereicherung, die zu mir und dem, was mir wichtig ist, passt. Und das jeden Tag. Dafür bin ich dankbar – und zücke gern ein extra Leckerli, weil das Leben auch ohne Kind schön sein kann. Die Sehnsucht bleibt – aber die Lebensfreude auch. Und Elli hilft mir dabei, weiter und immer weiter Fuß zu fassen in einem Leben, das so anders verlaufen ist, als ich mir das ausgemalt habe.

Warum zu Hause sein glücklich macht

Mit Sack und Pack und Hund habe ich mich auf eine lange Reise gemacht: neun Stunden Fahrt in sengender Sonne mit versagender Klimaanlage. Nicht gerade das, wovon man träumt. Aber es waren auch neun Stunden, in denen ich mal wieder gründlich nachdenken konnte.

Dann bin ich da: Ich sehe das Heimatdorf, schon Kilometer bevor ich da bin. Ich kenne hier jeden Stein, jedes Feld und fast jeden Baum. Und natürlich kenne ich das Zuhause. Als ich von der Dorfstraße abbiege, freue ich mich riesig über das Wiedersehen mit meinen Eltern. Herrlich, zu Hause zu sein!

Das Korn steht hoch. Die Traktoren sind unterwegs, bald kommen die Kartoffelerntemaschinen. Die Sonne scheint. Ein leichter Wind geht. Es ist ziemlich warm – und die Erde riecht, vor allem am Abend, wenn die Sonne sich senkt, wie es eben nur in der Heimat der Seele riechen kann. Warme, dankbare Erinnerungen an meine Kindheit erfüllen mein Herz und ich sende in Gedanken meinen Eltern liebevolle Dankesworte für das, was sie mir ermöglicht und auf die Lebensreise mitgegeben haben.

Zwanzig Kilo schwarze und rote Johannisbeeren stehen bereit, um zu fünfundfünfzig Gläsern Johannisbeergelee verarbeitet zu werden. Und ich darf helfen. Das Engelchen freut sich mit mir, denn dieses Johannisbeergelee ist *das beste Gelee der Welt*.

Und dann ist in meinem Heimatdorf, das knapp siebenhundert Kilometer von meinem jetzigen Zuhause in München entfernt liegt, auch noch das jährliche Highlight im Dorfkalender – das Schützenfest ... Ich umkreise mit dem Fahrrad das Dorf, um dem Schützenumzug zu folgen, blicke über die Koppeln und halte nach dem Pony Fedor Ausschau, auf dem ich als Kind das Reiten lernte. Fedor ist vermutlich seit zwanzig Jahren im Pferdehimmel – aber während ich mit meinem Vater um das Dorf radele, bin ich auf einmal wieder das Mädchen in den Sommerferien, die damals ewig dauerten und voll wunderbarer Erlebnisse waren.

Der Mensch hat fünf Sinne. Und ich nutze sie in den »Zuhause-Ferien« gerade ganz intensiv! Ich rieche die Erde und die Pferde; ich schmecke die Kochkünste meiner Mutter; ich höre – jetzt beim Umzug der Schützengesellschaft – mit den Bläsern die Klänge meiner Kindheit und ansonsten das Gurren der Tauben; ich ertaste barfuß das Gras im Garten und bewundere den Sommer und seine ganze Fülle.

Ich frage mich, ob die eigene glückliche Kindheit etwas mit der Sehnsucht nach einem Kind zu tun hat. Möchte man das eigene erlebte Glück, die eigene erlebte Sorglosigkeit weitergeben – oder ist es die Sehnsucht nach dem Wiedererleben der eigenen schönen Kindheit mittels eines Kindes? Oder etwas anderes? Ich weiß es nicht.

Aber ich weiß, dass mich diese Zuhause-Ferien sehr leicht und glücklich machen. Ich bin dankbar dafür, mein Leben so gestalten zu können, dass aus der Kinderlosigkeit eine Kinderfreiheit geworden ist. Mit langem Leiden hart erkämpft und doch so chancenreich.

Kinderlos glücklich – das Leben ist so schön!

»Hoffnung ist nicht die Überzeugung, dass etwas gut ausgeht, sondern die Gewissheit, dass etwas einen Sinn hat – egal, wie es ausgeht.«

Diesen weisen Spruch sagte Vaclav Havel und ich vermute, er sagte es gegen Ende der Zeit des Eisernen Vorhanges.

»Was hat das mit dem Kinderwunsch zu tun?«, fragt mich Andi eines Abends, als ich ihm diese Weisheit – eingebettet in eine hübsche Spruchtafel auf Facebook – zeige.

»Auf den ersten Blick nicht allzu viel. Auf den zweiten dann doch. Sehr viel sogar«, antworte ich.

Ich habe mich die letzten Wochen sehr intensiv mit dem Abschied vom Kinderwunsch beschäftigt. Mal wieder. Als Kinderwunsch-Coach hatte ich in letzter Zeit doch einige Kundinnen, die dieses Thema des Loslassens und Verabschiedens mit mir bearbeitet haben und die ich auf ihrem Weg in ein glückliches Leben ohne Kind auch weiterhin begleiten darf. So kam es, dass ich mich wieder einmal intensiv mit diesen Fragen beschäftigt habe. Und im Kern ist es doch so, dass es – wie bei den meisten großen Lebensthemen – darum geht, sich selbst in einer Situation zurechtzufinden. Ob sie nun ersehnt oder wenigstens erwünscht ist – oder nicht.

»Weißt du, wir gehen irgendwie alle automatisch immer davon aus, dass wir, wenn sich ein Wunsch nicht erfüllt, traurig sein müssen. Das Belohnungszentrum in unserem Gehirn sendet uns die Botschaft ›Ziel nicht erreicht‹ und – bang! – dann wirft es uns aus der Bahn.«

Andi blickt von seiner Zeitungslektüre auf und schaut mich an.

»Aber ist es denn wirklich so, dass sich dieser vermeintliche Automatismus nicht ummünzen lässt? Ich denke schon, dass das geht. Wir Menschen sind oftmals zu schnell in unserer Bewertung und nehmen das, was wir ›erleben‹, als gegeben hin. Dabei steckt in dem Wort ›erleben‹ doch auch das Wort ›Leben‹!«, sage ich. Manchmal rede ich mich beim Sprechen so richtig in Fahrt und ich merke, wie sich beim Aussprechen der Worte schon die nächsten Gedanken formen, die dann auch über meine Lippen müssen. Ich kann sie in solchen Momenten einfach nicht für mich behalten. »Das, was wir erleben, ist doch unser Leben! Wollen wir das verschleudern oder wollen wir es in die Hand nehmen, uns am Schlafittchen packen und unsere Wahl treffen? Ich schon. Du auch. Du packst doch auch immer an und suhlst dich nicht im Selbstmitleid!«

Wie wir mit einer Situation, die wir erleben, umgehen, lässt sich beeinflussen. Die Resilienzforschung ist hier schon recht weit gekommen. Der Glücksfaktor, den wir für uns selbst empfinden, hängt auch unmittelbar damit zusammen, wie aktiv wir unser Erleben selbst in die Hand nehmen, uns nach Niederlagen wieder aufrichten und nach vorn blicken können.

»Wir müssen uns doch nicht auf die vermeintlich leere Hälfte des Glases fokussieren! Nein, wir können uns auch entscheiden, uns dem zuzuwenden, was wir haben. Was da ist. Was gut ist. Und wenn das gelingt, steigt die Hoffnung. Und ich will hoffen, nach vorn blicken, das Gute sehen – das volle Glas. Im Übrigen ist ein Glas, auch wenn es nur zur Hälfte mit Wasser gefüllt ist, trotzdem voll. Da ist bis zum Glasrand Luft auf dem Wasser. Wir können sie nicht sehen, aber sie ist da. Ich will Wasser und Luft und volle Gläser!«, rede ich viel zu schnell und atemlos in Richtung Andi.

Vaclav Havel sagte: »Es hat einen Sinn.« Ich weiß, dass es hilfreicher ist, dem abstrakten »Es hat einen Sinn« ein »Ich bin hier richtig« entgegenzusetzen. Diese Aussage habe ich bei Isa in dem Blog »Wonderland« gefunden und ich stimme ihr von Herzen zu. Warum? Weil der Spruch »Es hat einen Sinn« zwar vielleicht für manche kraftvoll ist – aber nicht für alle. Weil er nicht selbst gewählt, sondern »übergestülpt« ist. Weil er dem Gehirn sagt, dass wir fremdbestimmt sind und nicht aktiv eine Wahl getroffen haben. Mein »Es hat einen Sinn« war und ist der Satz »Ich habe gewählt«. Denn ja, ich denke, man hat immer eine Wahl. Und die will ich jetzt haben – ein volles Glas und nicht ein halb leeres! So soll mein Leben sein. Ich habe genug davon, mein Leben und mein Glück von der Frage abhängig zu machen, ob ich ein Kind habe oder nicht. Ja, ich hätte gern Kinder bekommen. Habe ich aber nicht. Und ja, die Zeiten waren heftig.

»Das will ich auch. Auch mein Glas ist eher voll als leer – ich möchte fröhlich leben«, sagt mein Mann. »Und ich will nicht mehr traurig sein müssen, weil du traurig bist. Ich will, dass wir das hinter uns lassen und das Leben, unser Leben, genießen. Wir haben genug gekämpft. Wir haben ein Recht darauf, glücklich zu sein!«

Ich schlucke, weil ich so froh bin, dass Andi sich mit diesen Lebensfragen auch beschäftigt hat. Und dass er für sich sogar Antworten gefunden hat. Wie gut, dass wir jetzt darüber sprechen. Und während ich das denke, merke ich, wie mir die Tränen der Erleichterung aus dem Herzen über den Hals hin zu den Augen hochsteigen. Und ich tue nichts dagegen – es sind Tränen der Erleichterung, die sich gut anfühlen!

Wir haben ein Recht auf ein glückliches Leben – auch ohne Kind. Und wir haben uns auf einen Weg gemacht, der uns weit nach vorn führt. Ich weiß, dass sich manche Menschen mit der

Vorstellung vom Recht auf ein glückliches Leben schwertun. Glücklich wird man durch Dankbarkeit. Ich habe so vieles, was mich dankbar macht. Und das möchte ich in den Vordergrund stellen. Für mich hat die Dankbarkeit eine große Berechtigung und deshalb ein Recht darauf, gelebt zu werden. Dass man dadurch, wie die Glücksforschung bestätigt, glücklich wird, freut mich ungemein und es zu erleben, macht noch dankbarer. Ein wunderbarer Kreislauf!

Ich bin in die Tiefen meiner Welt, meines Ichs abgetaucht und habe dort Halt und Hoffnung gefunden, die es mir ermöglichen, wieder aufzutauchen aus der Trauer und mich dahin zu begeben, wo die Sonne scheint. Nämlich dorthin, wo ich die Dankbarkeit spüre, die Helligkeit sehe und somit glücklich und zufrieden sein darf.

Angekommen im neuen, kinderlosen Leben

Kinderlos zu sein, bedeutet nicht, die Chance auf ein glückliches Leben zu vergeben. Kinderlos zu sein, bedeutet für mich zu wissen, dass es dennoch ein glückliches Leben geben kann. Nicht selbst gewählt – aber selbst genutzt! Mit viel Sinn – den man selbst entdecken und gestalten kann und darf. Vielleicht sogar früher als andere Menschen, die sich diese Frage in der Regel erst in der sogenannten Midlife-Crisis stellen.

Wenn ich eines in den vielen Jahren meines Kinderwunsches, der bis heute unerfüllt, aber auch warmherzig verabschiedet ist, gelernt habe, dann ist es das: Glücklichsein ist lebbar, auch wenn sich die größten Träume nicht erfüllen. Es gilt, die bisherigen Träume durch neue Visionen zu ersetzen. Die alten, unerfüllten Wünsche behalten ihren Platz, genauso wie die Lücke ein Teil unseres Lebens bleiben wird. Aber ich richte meine Energie nicht mehr auf das aus, was fehlt, sondern auf das, was ich erreichen kann. Ich blicke nicht nur zurück, sondern gestalte die Zukunft, auch mit den Lücken, die das Leben uns beschert und mit auf den Weg gegeben hat.

Wenn ich ein glückliches Leben möchte, dann muss ich irgendwann eine Entscheidung treffen und dann entsprechend handeln: Ich habe mich dafür entschieden, lieber auf meinen Kinderwunsch zu verzichten, als noch mehr und noch länger alles – auch über meine Kräfte hinaus – zu tun, um womöglich doch noch ein Kind zu bekommen. Ich habe mich entschieden, mich nicht mehr dauerhaft unglücklich zu fühlen und unerfüllt zu leben. Deshalb habe ich mich auf das konzentriert, was mir Kraft gibt und mich stärkt. Und damit ich mich darauf konzentrieren kann, habe ich mehr und mehr das weggelassen und aus meinem Leben verabschiedet, was mir Kraft raubt. Ich habe entschieden, nicht mehr auf etwas zu warten, was mich dann – irgendwann – glücklich macht. Ob es nun das Wochenende und Zeit mit meinem Mann sind, ob es der nächste berufliche Erfolg ist oder was auch immer. Glücklich sein kann und will ich jetzt. Und aus mir heraus. Will sagen: Ich vergleiche mich nicht mehr mit anderen Menschen – schon gar nicht mit denen, die Kinder haben.

Irgendwann auf diesem Weg, irgendwann während all der vielen Gespräche, ist mein Mann aufgestanden, hat sich ganz nah zu mir gesetzt und mich angeschaut. »Wir haben eine große Chance«, hat er zu mir gesagt. »Und die werden wir nutzen, um unser Leben so zu gestalten, wie wir es gut finden. Mir ist es nicht wichtig, was andere sagen. Sollen sie erst einmal in unseren Schuhen gehen, bevor sie sich eine Meinung bilden. Wir zwei, wir gehen los. Lass uns dahin schauen, wo wir in Fülle und ohne Mangel leben können. Ja, wir haben kein Kind bekommen. Wir haben es probiert. Es hat nicht geklappt. Wir wissen unser Leben lang, dass wir alles versucht haben. Wir haben uns nichts vorzuwerfen. Lass uns das genießen, was wir haben und was gut ist. Komm – wir konzentrieren uns jetzt bewusst darauf!«

Dann nahm er meine Hand und küsste meinen Handrücken. Dabei schaute er mir tief in die Augen und ich war einfach nur dankbar, ihn an meiner Seite zu haben.

Er sprach mir aus der Seele, wie so oft. Seit diesem Tag weiß ich, dass wir auch ohne Kind glücklich sein können und sein werden. Wir werden uns immer wieder in unserem Leben mit der Kinderlosigkeit beschäftigen müssen. Wenn die

Menopause kommt, wenn bei unseren Freunden die Kinder aus dem Haus gehen, wenn wir ins Alter des Ruhestands kommen, wenn andere die Enkel bekommen, wenn es um die letzte Lebensphase geht. Ich weiß, dass uns das Thema beschäftigen wird. Aber das macht nichts, wenn wir dann jeweils auf erfüllte Phasen in unserem Leben blicken können, wenn wir gelebt und nicht nur vermisst haben. Dann werden wir einen Weg finden, damit umzugehen. Weil wir es auch bis hierher ohne Kind geschafft haben.

Jahre später räume ich mein Medizinschränkchen auf. Und finde Progesteron-Kapseln, die Fruchtbarkeit fördernden Vitaminpräparate und verschiedene Spritzen. Ich nehme sie in die Hand und betrachte sie. Jahrelang habe ich sie nicht mehr gesehen. Ich denke daran, wie wichtig sie mir über so viele Jahre waren und welch großen Platz sie in meinem Leben eingenommen haben. Und wie wenig wir es letzten Endes in der Hand hatten, dieses Wunschkind zu bekommen. Aber es lag sehr wohl in unserer Hand, das Beste aus der Situation und unserem Leben zu machen. Wir haben die Wahl zu entscheiden, wie wir mit unerfüllten Träumen und Sehnsüchten, Hoffnungen und Wünschen umgehen. Jeder Mensch hat die Wahl zu bestimmen, mit welcher Haltung er Lebenskrisen begegnen will.

Ich werfe die Medikamente in den Mülleimer, der neben mir steht. Ich brauche sie nicht mehr – weder die Medikamente noch die Sehnsucht nach einem Kind. Ich habe mein Leben akzeptiert. Ich habe beschlossen, dass ich auch ohne Kind glücklich sein darf. Und ich habe für die Lücken in meinem Leben einen zu mir passenden Umgang gefunden. Ich lebe mein Leben – kinderfrei, aber mit viel Sinn. Ich werde geliebt: von dem wunderbaren Mann an meiner Seite und von meiner Familie. Aus dem tiefen Leid, das mir kein Kind gebracht hat, lasse ich heute

Gutes erwachsen. Und ich werde gebraucht, nicht zuletzt von den Frauen, die ich als Kinderwunsch-Coach begleiten darf. Ich werde gebraucht, ich habe eine Aufgabe und ich hinterlasse Spuren im Sand des Lebens.

DANKE! Vielen Dank!

Es ist ein langer Weg, den Kinderwunsch zu erleben, sich später davon zu verabschieden und in ein neues, kinderloses, aber dennoch glückliches Leben zu finden. Es ist ein Prozess und ein Schritt folgt auf den vorherigen. Vieles von dem, was ich in dieser oder ähnlicher Form erlebt habe, habe ich in diesem Buch aufgeschrieben.

Damit ich diesen Weg gehen konnte und auch weiterhin verfolgen kann, benötige ich ein starkes Fundament aus Urvertrauen und Selbstbewusstsein (oder sollte ich besser sagen »des Sich-selbst-bewusst-Seins« hinsichtlich der Stärken, aber auch Schwächen, die einen auszeichnen?).

Ich danke zuerst und inniglich meinen lieben und herzguten Eltern, dass sie mir dies mit viel Liebe mit auf meinen Lebensweg gegeben haben. Von diesem Schatz zehre ich jeden Tag. Sie haben es geschafft, dass ich sagen kann: »Ich kann auf mich selbst zählen.« Damit haben sie mir das höchste Gut geschenkt: die Freiheit.

Ich danke zutiefst meinem wundervollen Ehemann, mit dem ich diesen Lebensweg gemeinsam beschreiten kann. Ich habe Dir noch viel mehr zu sagen, aber das tue ich gern persönlich, lieber Andi!

Es gibt noch viele weitere Menschen, die mich in der Kinderwunschzeit begleitet und gestützt, ermutigt und mir Kraft geschenkt haben. Manche von ihnen wissen das. Und ein paar von diesen lieben Menschen haben mir sogar erlaubt, sie unter verfremdeten Namen in diesem Buch darzustellen und damit auch für Sie, liebe Leserinnen und Leser, zum Leben zu erwecken.

Andere Menschen wissen vielleicht nicht, was ihr liebes Wort, ihre Nachricht oder ihr Lächeln mir an manchen Tagen bedeutet haben. Ich kann und will nicht jeden benennen, der mir in solcher Weise manchmal Licht ins Leben gebracht hat, wenn alles tiefgrau schien. Ich setze darauf, dass sie dennoch wissen, dass sie einen Platz in meinem Herzen haben. Und ich entschuldige mich bei allen, die das Gefühl haben, ich wäre manchmal nicht ganz authentisch gewesen. Ich konnte nicht anders; mir fehlte die Kraft für die volle Wahrheit.

Meine liebevolle Familie, meine herzreichen Freunde ... wie schön und wie wunderbar, dass es Euch in meinem Leben gibt! Danke, dass Ihr mit mir meinen Lebensweg geht und mich auf so vielfältige Art und Weise unterstützt.

Und nicht zuletzt danke ich meinen lieben Lektorinnen, Svenja Monert und Dr. Ulrike Strerath-Bolz. Schon bei der ersten Kontaktaufnahme von Svenja stimmte die Chemie und ich bin dankbar, dieses Buch mit ihrer beider Unterstützung – tatkräftig, fröhlich, herzlich und ermutigend – schreiben zu dürfen. Es war und ist mir eine Freude, mit Euch zu arbeiten! Vielen Dank für Euren Glauben an mich.

Es ist an der Zeit, dass wir nicht nur medizinisch das Mögliche und Vertretbare dafür tun, dass Menschen die Wunschkinder bekommen können, die sie sich ersehnen. Es ist vor allem auch an der Zeit, darüber nachzudenken, wie wir die Betroffenen auf der psychosozialen Ebene bei ihrem Erleben unterstützen können. Sie, liebe Leserin oder lieber Leser, haben mein Buch (hoffentlich von vorn bis hinten) gelesen und dafür danke ich Ihnen. Sie zeigen Interesse an einem Thema, das viele Menschen über lange Jahre tief in ihrer Seele beschäftigt und ihnen oftmals viel Schmerz bereitet – oft vor allem im Verborgenen. Schreiben Sie mir doch, was Sie denken und, wenn Sie mögen, welche Erlebnisse Sie selbst mit Ihrem Kinderwunsch gesammelt haben.

Und ein Letztes zum Schluss: Haben Sie Lust, mir einen Gefallen zu tun?

Ja? Gut, dann los! Bitte fragen Sie nicht nach, wie es um den Kinderwunsch bei Menschen in Ihrem Umfeld steht. Verurteilen Sie niemand mit vorschnellen Schlüssen, wenn diejenige ein Leben lebt, das Sie nicht nachvollziehen können. Fragen Sie Ihre Mitmenschen lieber, wie es Ihnen geht, und hören Sie ihnen tatsächlich zu. Und vielleicht wird Ihnen durch mein Buch (wieder) bewusst, dass nicht jeder das Leben leben darf, das er sich gewünscht hätte. Oft wissen wir nicht, was unsere Mitmenschen in ihrem Inneren bewegt und was sie aushalten müssen. Ein liebes Wort für jemanden kann manchmal einen Tag, der ansonsten grau und schwer ist, erhellen und lebenswert(er) machen. Versuchen Sie doch, jeden Tag einem anderen (vielleicht sogar Ihnen fremden) Menschen etwas Gutes zu tun, indem Sie ihm vielleicht zwei oder drei Minuten Ihrer Zeit schenken und ihm zuhören. Oder indem Sie einen fremden Menschen auf der Straße freundlich grüßen, vielleicht sogar anlächeln. Wer weiß schon, ob es nicht für diesen Menschen an diesem Tag einen großen Unterschied macht und Sie damit ein Licht anzünden?

Ihnen wünsche ich alles Gute!

Danke, dass Sie mein Buch gelesen haben! Wenn es Ihnen gefallen hat und Sie mehr über mich und meine Arbeit erfahren wollen, finden Sie mich im Internet unter www.kindersehnsucht.de oder auch auf Facebook unter www.facebook.com/franziska.ferber und www.facebook.com/kindersehnsucht.

Ich freue mich dort auf Sie!
Franziska Ferber

Anhang

Mutmachsätze aus der Coaching-Praxis

- Das, was Du denkst, ziehst Du an. Also wähle Deine Einstellung. (Quelle unbekannt)
- Wenn Du versuchst, es allen recht zu machen, dann hast Du mit Sicherheit immer einen vergessen: Dich. (Quelle unbekannt)
- So wie im Vergangenen die Zukunft reift, so glimmt in der Zukunft das Vergangene nach. (Anna Achmatowa)
- Wir denken selten an das, was wir haben, aber immer an das, was uns fehlt. (Arthur Schopenhauer)
- Die reinste Form des Wahnsinns ist, alles beim Alten zu lassen und gleichzeitig zu hoffen, dass sich etwas ändert. (Albert Einstein)
- Wer geht, verliert immer ein wenig den Boden unter den Füßen. (Stefan Brotbeck)
- Nicht das Glücklichsein führt zur Dankbarkeit, sondern Dankbarsein führt zum Glücklichsein. (David Steindl-Rast)
- Der Moment, in dem ich aufhörte, mir Sorgen darüber zu machen, was andere über mich denken, und in dem ich anfing, die Dinge zu machen, die ich machen wollte, war der Moment, in dem ich begann, mich wirklich frei zu fühlen. (Quelle unbekannt)
- Das Geheimnis innerer Zufriedenheit liegt darin, unseren Geist jeden Tag mit Gedanken des Vertrauens, der Dankbarkeit und des Mitgefühls zu füllen. (Quelle unbekannt)

- Du kannst nicht das nächste Kapitel Deines Lebens beginnen, wenn Du ständig den letzten Abschnitt wiederholst. (Michael McMillan)
- Du musst Dein Ändern leben. (Quelle unbekannt)
- Glücklichsein hängt nicht davon ab, dass wir bekommen, was wir nicht haben, sondern davon, wie gut wir das nutzen, was wir haben. (Thomas Hardy)
- Veränderung bedeutet Loslassen. Ich trenne mich von Altem, denn mit vollen Händen und schwerem Gepäck kann ich nicht zu neuen Ufern aufbrechen. (Quelle unbekannt)
- Es ist doch seltsam, dass wir gerade über die Dinge, die uns am meisten beschäftigen, am wenigsten reden. (Charles Lindbergh)
- Erlaube Dir selbst, glücklich zu sein. Jeden Tag. (Quelle unbekannt)

Acht Tipps für mehr Dankbarkeit und Zufriedenheit in Ihrem Leben

Nehmen Sie sich Zeit!

Vielen fällt es schwer, den Fuß sofort vom Gas zu nehmen, wenn sie frei haben. Kommen Sie in Ruhe in Ihrer freien Zeit an und genießen Sie auch mal die Ruhe, die Sie – hoffentlich – umgibt. Und denken Sie, wenn Sie frei haben, nach Möglichkeit nicht ständig über Ihren Kinderwunsch, Ihren Zyklus etc. nach. Checken Sie nicht ständig den Zykluskalender. Sondern konzentrieren Sie sich auf Dinge, deren positives Ergebnis Sie beeinflussen können.

Weg mit dem Handy und auf in den Wald!

Die Digitalisierung hat uns deutlich mehr Segen als Fluch gebracht. Und dennoch ist es so, dass Ihr Körper und Ihre Seele kaum zur Ruhe finden können, wenn Sie stetig in Erwartung von äußeren Geschehnissen sind. Gehen Sie auf Ihnen gut bekannten Wegen täglich mindestens eine Stunde durch den Wald – ohne Handy, ohne Ablenkung. Wenn Sie ganz mutig sind: Gehen Sie an einem freien Tag fünf Stunden am Stück nach draußen – ohne Einfluss von außen und am besten auf Wegen, die Sie mögen. Ihr Gehirn, aber auch Ihr Körper wird es Ihnen danken – besonders wenn Sie dies regelmäßig tun.

Lernen Sie etwas Neues!

Eignen Sie sich neues Wissen, eine neue Fähigkeit, ein neues Hobby an. So wird Ihr Gehirn beschäftigt und durch die zeitgleich erfolgende Kreativität ebnen sich neue Bahnen, auf denen künftige Gedanken glücklich Schlitten fahren und Ihnen Perspektivwechsel möglich machen. Auch hier wirkt die Kraft des Neuen und Sie ermöglichen sich damit, Ihre Kraft auf etwas Positives zu lenken.

Tun Sie, was Sie wollen!

Sie dürfen sich selbst den Respekt entgegenbringen, den Sie anderen Menschen, ohne zu fragen, zukommen lassen würden. Daher erlauben Sie sich, das zu tun, was Sie wollen. Anderen Menschen und ihren Ansprüchen müssen Sie dabei nicht gerecht werden! Sie sind schließlich in einer besonderen Lebensphase; da kann man sich auch mal etwas erlauben.

Finden Sie Ruhe!

Finden Sie einen Ort der Ruhe und der Kraft, an dem Sie sich wohlfühlen und zu dem Sie immer, wenn es hektisch wird, zurückkehren können. Wenn Sie dort sind, nehmen Sie die Stille wahr, horchen Sie in sich hinein. Vielleicht fällt es Ihnen zu Beginn schwer, auf »Knopfdruck« zu entspannen; mit der Übung wird es leichter.

Gönnen Sie sich etwas!

Für all das, was Sie beschäftigt, brauchen Sie Kraft. Diese Kraft braucht aber auch einen Nährboden und muss sich immer wieder neu aufladen. Auszeiten, aber auch gesunde Ernährung und viel frische Luft sind wichtig. Und auch Genuss tut Ihnen gut. Bewusst sich etwas zu gönnen und es zu genießen, wird Sie zufriedener, dankbarer und glücklicher machen.

Räumen Sie auf!

Nehmen Sie sich jede Woche eine Schublade, einen Schrank, ein Fach in Ihrem Zuhause vor. Sortieren Sie rigoros aus, woran Ihr Herz nicht hängt. Und lassen Sie das geplante, aber noch leere Kinderzimmer nicht länger leer stehen – füllen Sie es mit Leben; beispielsweise für Ihr Hobby oder als Ort der Entspannung. Füllen Sie die Lücke – auch wenn Sie sie später vielleicht doch in ein Kinderzimmer umwandeln können. Nutzen Sie den Schwung, den Sie aus dem Tun gewinnen, und machen Sie immer weiter. Sie werden sich leichter fühlen!

Dankbarkeitstagebuch!

Führen Sie ein Tagebuch und notieren Sie jeden Tag drei Dinge, für die Sie dankbar sind. Das kann ein nettes Wort von einem gestressten Kollegen sein, ein Gänseblümchen, das Sie am Straßenrand gesehen haben, oder ein gelungenes selbst gekochtes Abendessen. Es müssen keine großen Dinge sein, vielmehr sind es die kleinen Dinge, die – wenn sie gewürdigt werden – glücklich machen! Worüber haben Sie sich gefreut? Das dürfen Sie übrigens auch selbst sein!

Das eigene Leben kann so schön sein! Diese kleinen und großen Momente aktivieren das Belohnungssystem in der Mitte Ihres Gehirns. Die ausgeschütteten Botenstoffe versetzen Sie in freudige Erwartung und motivieren Sie zum Handeln. Endorphine und andere körpereigene Opiate schenken Ihnen ein euphorisches Gefühl. Und wenn Sie an glückliche Momente mit anderen Menschen denken, dann lässt Sie das Bindungshormon Oxytocin auch noch Entspannung und Liebe fühlen. Das ist es doch wert, genau hinzuschauen und es aufzuschreiben! Worauf warten Sie?

Sieben Tipps für den besseren Umgang mit dem Kinderwunsch

1. Seien Sie Sie selbst – und die beste Ausgabe davon!

Seien Sie Sie selbst. Verstellen Sie sich nicht – oder nur da, wo es wirklich unumgänglich ist. Seien Sie ehrlich mit sich selbst und Ihren Mitmenschen. Erlauben Sie sich das, was Sie auch anderen Menschen in Ihrem Umfeld zugestehen würden. Manchmal muss man sich anstrengen – manchmal auch nicht.

Fragen Sie sich, ob Ihr Verhalten so ist, wie Sie es sich von anderen in der Situation wünschen würden. Oder ob Sie es okay fänden, wenn sich andere so verhielten. Denn oft ist es so, dass wir mit zweierlei Maß messen und an uns selbst viel, viel höhere Erwartungen stellen. Ist das nötig? Sinnvoll? Hilfreich?

2. Vergleichen Sie sich nicht!

Wenn man sich selbst unbedingt ein Kind wünscht, greift die fiese »selektive Zuwendung« in unserem Gehirn: Wir sehen nur noch das, was uns gerade sehr beschäftigt. Und in diesem Fall sind das nur noch Schwangere oder junge, glückliche Familien. Mein Rat: Richten Sie Ihre Aufmerksamkeit – so mühsam es sein mag – auf etwas, was bei Ihnen gut läuft. Und dann denken Sie darüber nach – in allen Facetten.

3. Seien Sie ehrlich mit der besten Freundin!

Immer und immer wieder haben wir mit der Freundin das Leben genossen – und auch gemeinsam gelitten. Wenn der Kinderwunsch kommt und die eine schwanger wird und die andere nicht, kann es schwierig werden. Hier braucht es neue Absprachen miteinander.

Jede sollte sagen dürfen, was sie fühlt und sich im (neuen) Umgang miteinander wünscht. Und dafür nicht bewertet werden. Einfach mal hören, was die andere zu sagen hat.

4. Der ewige Rat: »Entspann dich mal!«

Na, toll. Der beste Ratschlag überhaupt. Und wer ihn alles so von sich gibt! Als wäre das so einfach! Wie habe ich diesen Satz gehasst, als mein Mann und ich jahrelang alles – wirklich alles – dafür getan haben, schwanger zu werden. Und dann kommt so ein neunmalkluger Satz daher. Und niemand sagt uns, wie es geht, dieses »Sich-Entspannen«, wenn man so sehr unter Druck steht.

Aber im Ernst: Es ist schon was dran. Die Frage ist also nicht, »ob«, sondern »wie«! Als Kinderwunsch-Coach sage ich oft: Erst einmal ist alles, was guttut, hilfreich. Wir wissen alle, dass das nicht zu hundert Prozent stimmt. Trotzdem: Was Sie ablenkt, was Sie nur für einen Tag, eine Stunde oder eine Minute den Kinderwunsch vergessen lässt, sollten Sie mehr in Ihr Leben integrieren! Schwimmen? Kochen? Backen? Radfahren? Tanzen? Nähen? Lesen? Kino? Alles top Ideen! Also los!

5. Haben Sie Gnade mit sich selbst!

Ja, Gnade. Genau! Was sind wir alle für nette Menschen – wir helfen hier, wir leihen dort unser Ohr und wir packen auch noch mit an und helfen, wenn wir nicht mehr können. Und was ist mit uns? Was ist mit Ihnen?

Seien Sie gnädig mit sich selbst – wenn es Ihnen gerade nicht gut geht, dann nehmen Sie sich das Recht, sich zurückzuziehen und eben mal nicht zu helfen. Sie müssen nichts leisten, wenn es Ihnen nicht gut geht. So einfach ist das. Und Sie brauchen deshalb kein schlechtes Gewissen zu haben.

6. Babywagen Probe fahren!

Dieser Tipp ist nicht für alle geeignet. Aber ich denke, er hilft vielleicht doch einigen: Als ich nach dem gefühlt dreihundertsten Übungszyklus wieder nicht schwanger war, aber ein Freund von mir gerade frisch Vater geworden war, ging ich mit ihm und seiner Tochter in den Biergarten. Und dann habe ich mir genau das erlaubt, was ich tun wollte: Ich bin den Kinderwagen Probe gefahren – durch den Biergarten, um die Bänke herum, über den Gehsteig, über die Straße.

Ich hatte das Gefühl, dass ich schon mal vorbauen und Erfahrung sammeln konnte – und auch, ob dieses schicke Kinderwagen-Modell für mich infrage käme, wenn ich denn dann mal ein Kind hätte. Für eine kleine Weile war ich Teil der »Familien-Gang« und das hat mir gutgetan. Könnte es auch Ihnen helfen?

7. Hecken Sie einen »Plan B« aus!

Sheryl Sandberg hat es nach dem plötzlichen Tod ihres Mannes in etwa so beschrieben: Sie wollte und will Plan A! Mit ihm! Ein Freund sagte ihr dann irgendwann, dass Plan A nach dem Tod ihres Mannes schlicht nicht mehr infrage käme.

Was können wir hier auf den Kinderwunsch übertragen? Nun, ich denke und mache als Kinderwunsch-Coach öfter die Erfahrung, dass es wichtig ist, sich während der Kinderwunschzeit auch mit dem Plan B für ein Leben ohne Wunschkind zu beschäftigen.

Nicht weil ich Ihnen wünsche, dass Sie auf Plan B zurückgreifen müssen. Aber ich mache die Erfahrung, dass es hilfreich für viele ist zu wissen, was sie mit ihrem Leben tun, wenn sie ihr Wunschkind nicht bekommen. Der Plan ändert sich vielleicht, aber er bringt einen Lichtschimmer. Denn es liegt ein Stück weit in uns Menschen, für die verschiedenen Situationen einen Plan zu haben. Und das hilft hier auch. Am besten lassen Sie sich dabei begleiten und unterstützen, dann funktioniert es meiner Erfahrung nach besser. Man mogelt sonst so gern!

Und klar, davon erfüllt sich der Kinderwunsch auch nicht unbedingt. Aber wir alle haben es eben nur zum Teil in der Hand, ob die ersehnte Schwangerschaft eintritt und das Wunschkind kommt.

Es ist eben nicht nur die Sehnsucht eines Kindes nach einem Spielzeug – es ist das uralte Thema der Kindersehnsucht, die so tief geht. Und weil das so ist, versuche ich dazu beizutragen, dass Sie ein bisschen besser damit umgehen können!

Also, mit welchem Punkt meiner Tipps fangen Sie jetzt gleich an?

Alles Gute von Herzen!
Ihre Franziska Ferber

Mehr zu meinem Angebot als Kinderwunsch-Coach und wie ich Sie dabei begleiten und unterstützen kann, trotz des Kinderwunsches ein glückliches, zufriedenes und entspanntes Leben zu leben, finden Sie auf:

www.kindersehnsucht.de

Schreiben Sie mir gern, was ich für Sie tun kann!

Impressum

Franziska Ferber
Unsere Glückszahl ist die Zwei
Wie wir uns von unserem Kinderwunsch verabschiedeten und unser
neues, wunderbares Leben fanden
ISBN: 978-3-959100-63-2

Eden Books
Ein Verlag der Edel Germany GmbH
Copyright © 2016 Edel Germany GmbH, Neumühlen 17, 22763 Hamburg
www.edenbooks.de | www.facebook.com/EdenBooksBerlin | www.edel.com
1. Auflage 2016

Einige der Personen und Situationen im Text sind verfremdet bzw.
aus dem eigenen Erleben heraus geschildert. Dies gilt insbesondere
für medizinische Aspekte.

Projektkoordination: Svenja Monert
Lektorat: Dr. Ulrike Strerath-Bolz
Umschlaggestaltung: Lisa Neuhalfen und Manja Hellpap
Layout und Satz: Datagrafix Inc.| www.datagrafix.com
Druck und Bindung: optimal media GmbH, Glienholzweg 7, 17207
Röbel/Müritz

Das FSC®-zertifizierte Papier *Holmen Book Cream* für dieses
Buch lieferte Holmen Paper, Hallstavik, Schweden.

Printed in Germany

Dieses Buch ist auch als E-Book erhältlich.

Um die kulturelle Vielfalt zu erhalten, gibt es in Deutschland und in
Österreich die gesetzliche Buchpreisbindung. Für Sie, liebe Leserin
und lieber Leser, bedeutet das, dass Ihr verlagsneues Buch jeweils
überall dasselbe kostet, egal, ob Sie Ihre Bücher gern im Internet, in
einer großen Buchhandlung oder beim kleinen Buchhändler um die
Ecke kaufen.